MÚSICA EN VIVO

MÚSICA EN VIVO

**El status social
y la posición económica
de los músicos en San Salvador**

Anouk Snijders

MÚSICA EN VIVO: El status social y la posición económica de los músicos en San Salvador

ISBN: 978-1-4303-2277-1

Índice

Capítulo 5: El status social de los músicos salvadoreños

Capítulo 6: La posición económica de los músicos salvadoreños

Capítulo 7: Influencia de terceros en la posición socioeconómica
del músico salvadoreño

Introducción

En 1997 fue organizado por la UNESCO el Congreso Mundial sobre el Status del Artista. Esta iniciativa tuvo como objetivo principal aumentar el interés por la posición del artista y tomar medidas para mejorar sus condiciones de vida. Sin embargo, en muchos países del mundo sigue siendo difícil para artistas de diferentes disciplinas ganarse la vida a través de su profesión artística. Esta investigación se ha realizado con el fin de dar una imagen del status social y de la posición económica de los músicos en San Salvador, la capital de El Salvador. En especial será tratada la posición socioeconómica de los músicos que tocan en vivo en los bares, cafés y restaurantes en esta ciudad.

El primer capítulo de este estudio es el marco teórico, en el cual se intentará explicar los conceptos que se consideran importantes para esta investigación. En la primera sección de este capítulo será explicado y elaborado el concepto de status social, en la segunda sección se describirá la posición social y económica del artista en el mundo y como último se dará una imagen de la economía informal en general y específicamente en El Salvador. En la segunda parte se dará una idea del contexto de este estudio a través de información general sobre El Salvador, comenzando con la historia del país, continuando con la guerra civil de los años ochenta y el proceso de paz y finalizando con una descripción de la sociedad, la economía y la política salvadoreñas. En el capítulo sobre los aspectos metodológicos aparecerán la pregunta central y la hipótesis de este estudio, así como los métodos utilizados para obtener información y una descripción de los tres meses de investigación en San Salvador.

Después de estos primeros tres capítulos siguen los resultados del estudio, divididos en cuatro partes. En la primera parte, el cuarto capítulo de esta tesis, se intentará dar una imagen del trabajo de los músicos en San Salvador, del tiempo que necesitan para diferentes actividades, de las presentaciones en bares y restaurantes y de las diferentes maneras en las cuales intentan promover su música y darla a conocer a un gran público. En el capítulo siguiente se hablará del status social de los músicos y el reconocimiento que reciben para su trabajo. Este tema se dividirá en tres partes, a saber el status social de los músicos en la sociedad salvadoreña en su totalidad, el reconocimiento que reciben de familiares, amigos y el público y como último la posición legal de los músicos, teniendo en cuenta sobre todo las leyes salvadoreñas en cuanto a la propiedad intelectual. A continuación se dedicará atención a la posición económica del músico, considerando las ganancias, los gastos y la opción de tener otro empleo además de la música. En el último capítulo se dará una descripción de la influencia de terceros en la posición social y económica de los músicos salvadoreños. En cuanto a este tema, será tratada la influencia de los dueños de bares y restaurantes, del gobierno salvadoreño y de los medios de comunicación.

Después de la información teórica y los capítulos con los resultados de la investigación, el trabajo finaliza con una presentación de las conclusiones finales, en las cuales se intentará relacionar los resultados del estudio con los datos del marco teórico y encontrar una conexión entre el status social de los músicos salvadoreños y la situación económica en que se encuentran.

Prefacio

Para realizar esta investigación sobre músicos en San Salvador, he tenido la oportunidad de pasar tres meses en esta ciudad y hacer entrevistas con músicos y varias otras personas que me podían dar más información con respecto a este tema. Decidí escribir de músicos por diferentes motivos. En primer lugar, a mí personalmente siempre me ha gustado todo lo que tiene que ver con la música, desde tocar instrumentos y cantar hasta bailar e ir a conciertos. Por eso sabía desde un principio que escribiría mi tesis final sobre algún aspecto relacionado con la música. En segundo lugar, muchas veces he visto de cerca que las artes son consideradas de menor importancia que otras actividades. De ahí viene mi interés específico para el status social y la posición económica de músicos. Como último, he notado que existe mucha literatura sobre los conceptos de status social y posición económica, así como sobre músicos y los artistas en general; sin embargo, se han realizado muy pocos estudios sobre la combinación de estos dos temas. Es por eso que me parece interesante dedicar más atención a esto por medio de esta investigación, esperando que en un futuro sean realizados estudios más completos y detallados con respecto a este tema.

Esta investigación no se hubiera podido realizar sin la ayuda de muchas personas, a las cuales quisiera expresar mi agradecimiento. En primer lugar quisiera mencionar que este estudio fue financiado por una parte por medio de las becas recibidas de *LUSTRA* y del *Curatorenfonds*. A continuación quisiera expresar mi agradecimiento a todos los entrevistados por su cooperación, su información y su tiempo. En especial les doy las gracias a Miguel, por darme la oportunidad de cantar en su 'Casa abierta'; a Manuel, por las 'Fotografías' y a Rafael, por compartir conmigo su música y su visión con respecto al tema de esta investigación. También quisiera agradecerle a mi asesor de tesis, el señor Cleuren, por su apoyo y sus ideas. A la familia Marroquín le agradezco su hospitalidad y amabilidad durante los tres meses que pasé en su casa. A mis hermanas salvadoreñas, gracias por siempre poder contar con ustedes; a las primas,

9

gracias por todas las cenas inolvidables. A Olga, gracias por prestarme la guitarra y así darme la oportunidad de vivir diferentes experiencias musicales en El Salvador. Margarita, gracias por tu amistad continua y por los momentos compartidos como el dúo 'Somos Dos'. Como último, les quisiera agradecer a Gerard, por prestarme la computadora indispensable, y a Gustavo y a mis papás, por su paciencia y apoyo. Aunque no he podido mencionar todos los nombres, quisiera expresar mi agradecimiento a todas las personas que de alguna forma han significado un apoyo o una ayuda en la realización de esta investigación.

1 Marco teórico

1.1 Conceptos del status social

El concepto de 'status social' es uno de los conceptos más usados en los estudios de la sociología. Algunos términos que se describen como equivalentes de status social, son status económico, status socioeconómico o simplemente status (Benoit-Smullyan, 1944: 160; Ekehammar *et. al.*, 1986: 473). En la literatura se pueden encontrar diferentes definiciones de status social. Según Scott, el status social significa la evaluación de características de cierta posición en relación con otras posiciones. El autor dice que, a pesar de que la evaluación consista en opiniones de individuos, parece haber un consenso muy grande entre la mayoría de las personas en cuanto a esta evaluación de características, por ejemplo en cuanto a profesiones (1970: 62-63). Bram, en cambio, piensa que muchas veces hay muy poco consenso en cuanto a la evaluación de ciertas profesiones. El autor describe el status social como un concepto de valores y opiniones, que pueden variar entre diferentes periodos históricos, entre diferentes sociedades, entre diferentes segmentos sociales de una sociedad y hasta entre individuos (1952: 2031-2032). Tanto Bram como Lipset y Bendix relacionan las diferencias en status social con la distribución desigual de prestigio y reconocimiento en la sociedad (Lipset y Bendix, 1951: 249; Bram, 1952: 2031-2032).

El status social también se describe muchas veces en relación con el concepto de estratificación social o jerarquía. Lenski habla en su artículo de cuatro jerarquías para poder dar una definición de status social, las cuales son la jerarquía de ingresos, la jerarquía de profesiones, la jerarquía del nivel de educación y la jerarquía étnica (1970: 92). Benoit-Smullyan usa tres jerarquías, a saber la económica, la política y la jerarquía de prestigio. El autor define el concepto de status como una posición relativa dentro de una de estas jerarquías. Por lo tanto, también hace la distinción entre el status económico, el status político y el status de prestigio. Benoit-Smullyan prefiere no usar el término 'status social', porque lo ve como "un tipo de status no diferenciado que no es específicamente económico, o específicamente político, sino que generalmente 'social'" (1944: 160, Mi traducción).

Scott hace una división entre dos diferentes formas de status, a saber *achieved status* y *ascribed status*. Cuando habla de *achieved status*, se refiere a todas las características que representan lo que un individuo ha conseguido o alcanzado en su vida, como cierto nivel de educación o habilidades necesarias para una profesión. Con el *ascribed status* se refiere a las características que un individuo posee independientemente de su deseo o esfuerzo, como el sexo o la edad de una persona (1970: 172).

Muchos autores hacen una descripción de dos modelos diferentes en cuanto a la estratificación social. Según el modelo unidimensional, al que pertenecen entre otras las teorías de Marx, la sociedad se puede describir como una sola jerarquía en la cual cada individuo ocupa una sola posición. Lenski y Ekehammar *et. al.* prefieren ver la sociedad desde un punto de vista multidimensional. Según ellos, se trata de una serie de posiciones en una serie de jerarquías verticales relacionados, lo que quiere decir que un individuo puede tener un status alto en algunas dimensiones y un status bajo en otras. El modelo unidimensional no es adecuado, en su punto de vista, para describir las estructuras complejas de la sociedad (Lenski, 1970: 91; Ekehammar *et. al.*, 1986: 474, 480). También Benoit-Smullyan y Lipset y Bendix y prefieren el modelo multidimensional. Su crítica a las teorías del marxismo se basa en el hecho de que para Marx la única dimensión importante era la económica, mientras que existen otros elementos que también son importantes para la determinación de la clase o del status social de un individuo (Benoit-Smullyan, 1944: 156; Lipset y Bendix, 1951: 151).

Otro elemento que aparece en los estudios de la mayoría de los autores es la diferencia entre una estructura objetiva y subjetiva en el análisis de la estratificación social. En los estudios de Coxon y Jones y de Ekehammar *et. al.*, la estructura objetiva ayuda para determinar la posición social de un individuo en la sociedad por medio de características fijas, como profesión, ingresos y nivel de educación, mientras que la estructura subjetiva tiene que ver con la percepción del individuo mismo en cuanto a su status o clase social. Es decir, la estructura objetiva está basada en características que se pueden medir y comparar fácilmente, mientras que los aspectos subjetivos consisten en valores y opiniones (Coxon y Jones, 1978: 11; Ekehammar *et. al.*, 1986: 474). El único que da una explicación un poco diferente de estas dos estructuras es Joosten. Él dice que en la estructura objetiva lo más importante es la contribución de cierta profesión a la sociedad, mientras que el esfuerzo que alguien ha hecho para llegar a tener esa profesión y la remuneración que esa persona recibe, forman parte de la estructura subjetiva (1995: 28-29).

Hay varias dimensiones o características que son necesarias para poder determinar el status social de un individuo en una sociedad. Scott menciona tres dimensiones: la ocupación, los ingresos y el nivel de educación de una persona (1970: 64). Además de estas tres características, Joosten nombra la religión, el partido político y el estilo de vida de un individuo (1995: 64-65). Coleman y Neugarten agregan la participación en asociaciones y el barrio y el tipo de casa en que alguien vive (1971: 30-53). En su libro *De status zoekers*, Packard menciona trece características que, según él, son importantes para determinar el status social de una persona. Además de las características anteriormente nombradas, él habla del uso del lenguaje de una persona, de los artículos que alguien compra, de sus costumbres en cuanto a la comida, de matrimonios y relaciones sexuales y de amigos y conocidos. En vez de dimensiones o características, Packard prefiere hablar de símbolos de status, porque, según él, la idea de status social está basada en valores y opiniones de individuos (*s.a.*: 48-186).

La dimensión más importante para determinar el status social es, ambos según los diferentes autores y con respecto a esta tesis, la profesión de un individuo. Klein y Scott mencionan la profesión como la característica principal para indicar el prestigio o el status social de una persona (Klein, 1963: 70-71; Scott, 1970: 579). De los estudios de Coxon y Jones y de Coleman y Neugarten se puede deducir que estos autores también están de acuerdo con lo anteriormente dicho. Además, ellos mencionan la importancia de encuestas de opinión pública en cuanto a la evaluación de profesiones. Según estos autores, saber el salario y el nivel de educación requerido para una profesión no es suficiente para poder señalar el status social de alguien, porque existen profesiones en las que, a pesar de un salario y un nivel de educación altos, una persona puede tener muy poco prestigio, o viceversa (Coleman y Neugarten, 1971: 84; Coxon y Jones, 1978: 24-28).

Bram habla en su artículo de tres valores que determinan el status social en una profesión. En primer lugar nombra la contribución a la sociedad o la importancia de una profesión. En segundo lugar habla de la admiración que existe para personas que han tenido mucho éxito material en su profesión y el tercer valor tiene que ver con el respeto que existe para cierto tipo de profesiones, a pesar de que no dispongan de alguno de los primeros dos valores (1952: 2032-2033). Packard piensa que, además de los tres tipos de valores de Bram, hay que tomar en consideración la responsabilidad y la dignidad de un empleo (s.a.: 72-75).

1.2 La posición social y económica del artista

Los artistas muchas veces se ven confrontados con una posición social muy baja causada por su profesión, lo que en la mayoría de los casos también tiene consecuencias negativas para su posición económica. Según De Limburg Stirum (1993: 67), el artista siempre ha conocido problemas de dinero y Baumol y Bowen (1966: 3) hasta dicen que la crisis económica forma parte de la vida cotidiana del artista. Para la mayoría de los artistas resulta muy difícil ganarse la vida con su profesión, sobre todo por causa de salarios bajos y falta de seguridad social. Por lo tanto, muchos artistas tienen otro empleo además del arte. Se pueden distinguir dos tipos de artistas con otra profesión, a saber los que se ven obligados a conseguir un segundo trabajo además del arte para sobrevivir, y los que tienen una profesión y además de eso se dedican al arte. Muchas veces necesitan invertir una parte de sus ganancias del otro empleo en el arte para poder seguir trabajando como artista (Baumol y Bowen, 1966: 100; Finnegan, 1989: 273; Abbing, 2003; UNESCO, 2003).

Uno de los problemas más grandes para los artistas son los salarios bajos que ellos en general reciben. Hay algunos individuos que están trabajando en el arte y que reciben una remuneración muy buena, pero los ingresos por lo general son bastante bajos y una gran mayoría de los artistas gana sólo el salario mínimo, o aun mucho menos (Baumol y Bowen, 1966: 106; Abbing, 2003). Además, muchos artistas no disponen de contratos fijos, por lo que nunca tienen la seguridad de poder mantener el trabajo por mucho tiempo. Es por eso que las cifras de desempleo son mucho más altas entre los artistas que en otras profesiones. Además, los artistas en general tienen poco acceso a un sistema de seguridad social, por lo que por ejemplo casi nunca reciben protección en el caso de enfermedad (Baumol y Bowen, 1966: 127-129; UNESCO, 2003).

Las profesiones artísticas en parte pueden seguir existiendo por medio del apoyo financiero de diferentes personas e instituciones. Según Baumol y Bowen, el apoyo económico más importante viene de donaciones de individuos. En segundo lugar hablan del dinero que viene de instituciones privadas, como fundaciones o universidades, y como último mencionan la subvención de gobiernos. Dicen que las tres fuentes de ingresos son muy importantes para la subsistencia de las artes (1966: 305-367). Abbing, en cambio, opina que los subsidios del Estado no mejoran las condiciones de vida de los artistas, sino que sólo tienen como consecuencia el aumento de la cantidad de artistas, y por lo tanto también el aumento de la pobreza en un país (Abbing, 2003).

Según De Menezes Bastos, existe una escala de prestigio que indica las diferencias en cuanto al status social y reconocimiento del trabajo de músicos en América Latina. En primer lugar aparecen los músicos llamados "estrellas", que pueden ser los compositores o los cantantes-solistas. En el segundo lugar están los "maestros", que son por ejemplo los arreglistas o los directores, mientras que como último, en la escala más baja, se encuentran los instrumentistas y los vocalistas (1977: 131-137). Otra cosa que menciona De Menezes Bastos en cuanto al status de los músicos latinoamericanos, y específicamente sobre la imagen que tiene el público de ellos, es la oposición entre el 'músico de éxito' (el músico popular) y el 'gran músico' (el músico artístico). Estos dos se identifican con diferentes segmentos o 'estratos' de la sociedad. Pero de los dos se puede decir que la condición de la existencia de su identidad como músico es "que tenga demanda, que sea 'de éxito'(o 'grande') en cualquier conjunto de oyentes, por pequeño que sea" (1977: 135).

Para poder adquirir más prestigio como músico, es muy importante la educación musical. Esta educación se puede enfocar desde dos perspectivas: la formación del músico profesional y la educación general y extensiva en, por ejemplo, escuelas y colegios. En América Latina, muchos docentes de música son subcapacitados y además en muchos países se considera a la música como un arte de minorías selectas, por lo que la educación musical es vista como un gasto innecesario de energías y recursos. Según Fernaud, "el panorama general de la educación musical en América Latina se muestra deficiente y con perspectivas de lento desarrollo" (1977: 281), por lo que puede ser más difícil obtener prestigio como músico en Latinoamérica que en otros países donde sí existe una buena educación musical.

El desarrollo de la sociedad de consumo ha cambiado la posición social y también económica del músico. La música ya no parece tener el valor de antes, se ha convertido en un producto, en mercancía, con 'ganancia' como objetivo principal. El intérprete así se ve confrontado con una dependencia muy grande de diferentes intermediadores (León, 1977: 238-241, 251). Unos de estos intermediadores que pueden influir mucho en la posición socioeconómica del músico son los medios de comunicación. Los locutores y organizadores de programas de televisión y radio pueden manipular el mercado dándole más atención a la música de unos artistas que a la de otros (De Menezes Bastos, 1977: 113; Guido, 1977: 307; León, 1977: 247).

En el año 1997 tuvo lugar el Congreso Mundial sobre el Status del Artista, organizado por la UNESCO y con la cooperación de diferentes organizaciones no gubernamentales y asociaciones de artistas de diferentes países (UNESCO, 2003). Por esta y otras iniciativas, se puede ver que en los últimos años existe más atención e interés para las condiciones de vida de los artistas en el mundo. Pero a pesar de este aumento de interés, los artistas todavía se encuentran con muchos problemas en su vida cotidiana. Y además de tener una posición social y económica baja por causa de su profesión, los artistas muchas veces forman parte de la economía informal, lo que hace que puedan contar con aun menos seguridad y protección. El concepto del sector informal será tratado en la sección siguiente.

1.3.1 Conceptos de la economía informal

En países en vía de desarrollo, y sobre todo en las grandes ciudades de esos países, hay muchas personas que están trabajando en el sector informal. Según la definición oficial elaborada por la quindécima Conferencia Internacional de Estadísticos del Trabajo en 1993, que aparece en la página de Internet de la Organización Internacional de Trabajadores (OIT), el sector informal es visto como un sector

"(...) consisting of production units that typically operate at a low level of organization, with little or no division between labour and capital (...) and on a small scale (...). Labour relations – where they exist – are based mostly on casual employment, kinship or personal and social relations rather than contractual arrangements with formal guarantees" (OIT, 2003).

Según la OIT, hay una distinción entre las empresas informales, que forman la base del sector informal, y la fuerza de trabajo que está involucrada en actividades informales. Las empresas informales y la fuerza del trabajo informal juntas forman la economía informal (Gallart, 2003).

Tokman describe dos diferentes conceptos en cuanto a la economía informal. Según el primero, el sector informal existe como resultado de la necesidad de buscar flexibilidad y de bajar los costos de trabajo, por causa de la descentralización y la reorganización de la producción y de procesos de trabajo a nivel mundial. Según el segundo concepto, que el autor describe como el concepto neoliberal, las actividades informales existen por causa de una legislación inadecuada y una burocracia ineficaz, por lo que para muchas empresas resulta casi imposible cumplir con las leyes existentes. Tokman opina que el sector informal está entre la legalidad y la ilegalidad, porque tiene varias características de ambas (1992: 3-18).

La OIT divide la mano de obra de la economía informal en tres grupos. En primer lugar nombra los dueños de microempresas que trabajan con la ayuda de algunos empleados que reciben un salario. En segundo lugar habla de los trabajadores autoempleados, que trabajan sólos o con la ayuda de empleados que no reciben un salario, que generalmente son miembros de la familia que ayudan en la empresa. En el tercer grupo se encuentran todos los empleados dependientes, ambos los que reciben un salario y los que no reciben ningún salario (OIT, 2003).

En América Latina, el sector informal ha crecido mucho desde los años cincuenta y sobre todo desde los años ochenta del siglo veinte. Se pueden encontrar varias causas para este fenómeno. A partir de los años cincuenta se inició un proceso de modernización e industrialización en muchos países latinoamericanos, lo que, entre otras cosas, tuvo como consecuencia un aumento de la población urbana. Entre 1940 y 1970, la población urbana tuvo un crecimiento anual de entre cuatro y cinco por ciento. Como no había suficiente empleo en las ciudades, esta urbanización hizo que el sector informal creciera rápidamente (Ward, 1997: 11, 50).

Tokman habla de la crisis económica de los años ochenta como causa del crecimiento del sector informal. El autor dice que por causa de esta crisis el empleo formal disminuyó, lo que tuvo como consecuencia el aumento de las actividades informales (1992: 172). Schaeffer (2003) habla de las reformas económicas neoliberales en muchos países, también en los años ochenta. Estas reformas causaron un cambio de estructura de la empresa transnacional, lo que aumentó las actividades informales en muchas empresas. Gwynne y Kay (1999: 254-256) y la OIT (2003) están de acuerdo con ambos Tokman y Schaeffer, ya que nombran los dos aspectos como causas del crecimiento del sector informal desde los años ochenta.

1.3.2 El sector informal en El Salvador

En El Salvador, una parte considerable de la población forma parte de la economía informal. Según las cifras oficiales de desempleo, un 62 % de la población salvadoreña no tiene trabajo, pero muchos de estos 'desempleados' trabajan en el sector informal. Aproximadamente un 40 % de la fuerza de trabajo informal del país se encuentra en la capital, San Salvador. En general, se trata de autoempleados o de empleados que forman parte de una microempresa. Las ventajas de trabajar en la economía informal son la falta de la presencia de un jefe, por lo que los empleados muchas veces pueden hacer su propio horario, y la falta de la obligación de pagar impuestos, lo que baja los costos de trabajo. Pero un empleado en el sector informal de San Salvador también conoce muchas desventajas, como el no poseer un status legal y el estar fuera del sistema de seguridad social de El Salvador. En los últimos años, el sector informal ha llegado a tener una importancia tan grande para la economía nacional, que el gobierno salvadoreño ha autorizado la existencia de asociaciones legales de empleados informales que pueden proteger los derechos e intereses de este grupo de trabajadores (Boland, 2001: 47-48).

En las últimas décadas, El Salvador ha conocido un aumento de población acelerado. Mientras que en el 1961 el país tenía una población de aproximadamente 2,5 millones, en el 1992 había aumentado a 5,1 millones y en el 2002 hasta había llegado a aproximadamente seis millones de habitantes. El Salvador es el país más pequeño y al mismo tiempo el país con la densidad de población más alta de la tierra firme de todo el continente americano (Greenfield, 1994: 254; Ministerio de Economía, 1997: 11; BID, 2004). El aumento de población sobre todo se ha notado mucho en las grandes ciudades, y específicamente en San Salvador, la capital del país. En el año 1960 se fundó el Mercado Común de Centroamérica (MCCA) y en la década de los sesenta hubo un esfuerzo para promover la diversificación económica en El Salvador. Los beneficios de la industrialización de los años sesenta sobre todo estaban concentrados en San Salvador, por lo cual hubo un crecimiento desproporcionado de la capital y sus alrededores. En 1950, un 20 % de la población era urbana, un porcentaje que había aumentado a 40 % en el año 1971 y a 50 % en el 1992. En el 1992, El Salvador tenía una densidad de población de 243 habitantes por km², mientras que el departamento de San Salvador y el Área Metropolitana de San Salvador tenían una densidad de población de respectivamente 1706 y 5749 habitantes por km². De los 5,1 millones de habitantes en ese año, aproximadamente 1,5 millones de personas vivían en el departamento de San Salvador (Greenfield, 1994: 258-260; Ministerio de Economía, 1997: 17, 23, 37).

Igual que en otros países latinoamericanos, en El Salvador hubo un crecimiento explosivo del sector informal en la década de los ochenta. Además del aumento de población y la urbanización, se pueden nombrar otras causas para este fenómeno. El conflicto entre El Salvador y Honduras en 1969 causó la repatriación de entre 130.000 y 300.000 salvadoreños residentes en Honduras. Como no había suficiente tierra de cultivo, la mayoría de ellos se fue a vivir en las ciudades. Durante la guerra civil en los años ochenta, muchos salvadoreños que vivían en las zonas rurales huyeron de sus pueblos y también se fueron a vivir en las ciudades. Esta guerra además causó el incremento de la pobreza en el país y provocó la fuga de capitales y el cierre de numerosas empresas del sector formal, lo que causó mucho desempleo. Durante la década de los ochenta sí hubo mucha inversión de los Estados Unidos en El Salvador, pero ese capital fue destinado al financiamiento de la guerra, por lo que no sirvió para buscar una solución para la pobreza y el desempleo en el país (Salazar, 1992: 5-7, 42, 47; Greenfield, 1994: 258-261). El porcentaje de trabajadores en El Salvador que tiene un empleo en el sector formal está casi igual al porcentaje de trabajadores en el sector informal. En el 1993, un 46.6 % de la población salvadoreña en edad de trabajar tenía una ocupación en el sector informal. De la población urbana, casi un 50 % estaba ocupado en este sector en el año 1989 (Salazar, 1992: 48; Glower, 1997: 260). El porcentaje del PNB de El Salvador proveniente de la economía informal aumentó de un 15 % en el 1969 a un 38.5 % en el año 1985. Las ramas de actividades más importantes en el sector informal en

21

El Salvador son el comercio, el transporte, la construcción, la agricultura, la industria y los servicios (Salazar, 1992: 43, 56).

El sector informal tiene mucha importancia en la actividad económica nacional de El Salvador. Este hecho es reconocido por todos los sectores nacionales, pero es muy poca la correspondencia entre este reconocimiento y el interés real por buscar soluciones para los problemas que tienen que ver con este sector. Después de los Acuerdos de Paz en el 1992, el gobierno salvadoreño empezó a invertir mucho dinero en el desarrollo y la reconstrucción nacional, pero sólo en cuanto al aspecto económico. Por eso se puede decir que el Estado tiene una 'deuda social' muy grande: faltan las políticas sociales eficaces y necesarias para resolver muchos problemas existentes en el país, entre otros los problemas que tienen que ver con la economía informal (Salazar, 1992: 5, 27-29).

2 Contexto: El Salvador

2.1 Historia de El Salvador:
desde la 'Conquista' (1539) hasta la 'Guerra de Fútbol' (1969)

Antes de la llegada de los españoles a lo que hoy día es El Salvador, los habitantes de esta región eran cinco pueblos indígenas, de los cuales los Lenca y los Pipil eran los más importantes. Fueron sobre todo estos últimos dos que se resistieron por mucho tiempo a la conquista por parte de los españoles, pero en 1539 los españoles lograron incorporar el territorio como parte del imperio español. La economía colonial de la región se basaba por una gran parte en la agricultura, porque no había grandes cantidades de oro y plata, como en algunos otros países latinoamericanos. Además del cacao y del azúcar, el índigo llegó a ser un producto importante de exportación en la segunda mitad del siglo dieciocho. A finales de ese siglo, un grupo relativamente pequeño de grandes propietarios de origen español poseía una tercera parte de toda la tierra cultivable (Van der Borgh, 1998: 6-9; Biekart, 1999: 12).

A principios del siglo diecinueve, fue en San Salvador donde se escuchó el primer 'grito de libertad': en 1811 y 1814 hubo dos rebeliones en la ciudad, pero los líderes fueron capturados y mandados a prisión. La verdadera lucha por la independencia tuvo lugar fuera de Centroamérica, en México. En 1821 México se independizó de España, lo que también provocó la independencia de la región centroamericana. Ésta primero llegó a ser parte del imperio mexicano de Agustín Iturbide, pero en 1823 la región también se independizó de México y se formó la Federación Centroamericana. Cada provincia de la Federación obtuvo su propio ejército y su propio gobierno. En los años siguientes hubo muchos problemas y disputas entre las diferentes provincias, lo que en 1838 significó el final de la Federación. El Salvador llegó a ser una república independiente en el año 1841 (Dutrénit, 1988: 71-77, 99-102; Van der Borgh, 1998: 10-12).

23

A mediados del siglo diecinueve, el índigo dejó de ser un producto de exportación lucrativo, porque surgieron los colorantes sintéticos que lo podían sustituir. Por eso era necesario para El Salvador encontrar un nuevo producto de exportación, lo que llegó a ser el café, siguiendo el ejemplo exitoso de Costa Rica. En muy poco tiempo, un grupo pequeño de familias de la oligarquía (más conocido por 'las catorce familias') logró a dominar casi por completo la producción y el comercio de café, además de poseer la mayor parte de la tierra cultivable. El café llegó a ser el producto más importante de exportación de El Salvador, hasta llegar a un 95 % de la exportación total en el año 1931. A principios del siglo veinte se sentían tensiones en San Salvador, donde fueron fundados los primeros sindicatos. Además empezaron a crecer los contrastes y la pobreza en las zonas rurales, por lo que también en estas regiones creció el descontento. Existía una alianza fuerte entre la oligarquía cafetalera y los militares y cada protesta fue reprimida. En el 1931, Maximiliano Hernández Martínez llegó al poder por medio de un golpe de estado. El Partido Comunista intentó organizar una sublevación grande, pero el plan fue descubierto y los líderes (entre ellos Farabundo Martí, el fundador del Partido Comunista) fueron capturados y condenados a muerte. A pesar de esto, sí hubo una sublevación grande en las zonas cafetaleras occidentes el 20 de enero de 1932. La reacción de Martínez Hernández fue desastrosa: el ejército provocó una matanza y hubo entre 15.000 y 30.000 muertos. Después de la 'Matanza', la represión fue concentrada sobre todo en la población indígena, por lo cual muchos indígenas abandonaron sus costumbres, trajes e idiomas para no ser perseguidos. Hasta los años sesenta casi no hubo intentos de resistencia organizada. Desde 1932 hasta 1992, los militares dominarían la vida política y social de El Salvador (Huezo, 1994: 41, 128-139; Van der Borgh, 1998: 14-18; Biekart, 1999: 12-13).

En el año 1960 se firmó el Tratado General de Integración Económica entre los cinco países centroamericanos y se fundó el Mercado Común Centroamericano (MCCA), el cual tenía como objeto principal promover el comercio entre los países participantes. Menos de una década después, en el 1969, el MCCA se encontraba en graves problemas y dejó de funcionar casi por completo, por consecuencia de un conflicto entre El Salvador y Honduras, conocido como 'La Guerra del Fútbol'. Esta guerra no era de fútbol, como dice el nombre, sino que tenía otras causas, como el problema de fronteras mal definidas entre El Salvador y Honduras, los problemas internos (políticos, económicos y sociales) en ambos países y la gran cantidad de salvadoreños residentes en Honduras que, por las reformas agrarias del gobierno hondureño, se vieron obligados a regresar a su país, donde ya existía el problema de una alta densidad de población y la falta de tierras de cultivo (Huezo, 1994: 214, 224-229; Van der Borgh, 1998: p. 20).

2.2 Guerra civil y proceso de paz en El Salvador

En la década de los años setenta se dio el proceso de gestación de la guerra en El Salvador. La sociedad salvadoreña en ese momento conocía divisiones abismales entre la oligarquía y las demás clases sociales y estaba polarizada políticamente por la falta de diálogo e instituciones democráticas. En 1972, el general Carlos Humberto Romero llegó al poder después de una fraude electoral contra José Napoleón Duarte. Cinco años después otra vez hubo fraude electoral y los militares seguían en el poder, lo que provocó el inicio de muchos disturbios en el país (Van der Borgh, 1998: 21-22; Martínez Peñate, 2002: 153). Durante los años setenta cada vez hubo más oposición contra la dictadura de Romero, sobre todo en las zonas rurales. La respuesta del ejército a esta oposición fue la represión, y ante esta espiral de violencia los gobiernos de muchos países cerraron sus embajadas en El Salvador. Un grupo de militares jóvenes intentó, en el año 1979, evitar la guerra por medio de un golpe de estado. Pero la Junta que fundaron sólo duró algunos meses, por la presión que venía de ambas la izquierda y la derecha. La represión de parte de los cuerpos de seguridad pública y los escuadrones de la muerte seguía y a comienzos de 1980 la Junta renunció (Huezo, 1994: 247-249; Van der Borgh, 1998: 22; Martínez Peñate, 2002: 155).

Diferentes organizaciones e individuos intentaron frenar la espiral de violencia en El Salvador y buscaron salidas negociadas al conflicto, entre otros el arzobispo de San Salvador, monseñor Oscar Arnulfo Romero. Él acusó a los cuerpos de seguridad de matanzas y persecuciones y pidió que cesara la represión. El 24 de marzo de 1980 fue asesinado mientras oficiaba misa. Según muchas personas, el comandante Roberto D'Aubuisson es visto como el responsable de la muerte de Romero: él fundó varios escuadrones de la muerte y probablemente dio la orden del asesinato del arzobispo. D'Aubuisson también fundó el partido político de extrema derecha la Alianza Republicana Nacionalista (ARENA). Después de la muerte del arzobispo Romero, la violencia aumentó. Entre 1980 y 1982, aproximadamente

25.000 personas fueron asesinadas, la mayoría por escuadrones de la muerte y militares. Las víctimas fueron sobre todo líderes campesinos, sacerdotes progresivos y miembros de la oposición, pero también muchos civiles y refugiados en busca de un lugar más seguro (Huezo, 1994: 250; Van der Borgh, 1998: 25-26).

El Frente Farabundo Martí para la Liberación Nacional (FMLN), que fue creada en 1979 al juntarse cinco grupos guerrilleros, quería provocar una insurrección popular en el año 1981 para poder tomar el poder en El Salvador después de una revolución rápida, pero esta idea falló por falta de armas y organización eficaz. Así se inició la guerra entre el ejército y los escuadrones de muerte por un lado y la guerrilla por otro lado, la que duraría más de diez años. El ejército quería eliminar la guerrilla y sus bases de apoyo por medio de bombardeos, los que provocaron la muerte de muchas personas, ambos miembros de la guerrilla y civiles. Unos ejemplos de esto son las masacres de El Mozote y del Río Sumpul. En el 1981, Ronald Reagan llegó a la presidencia de los Estados Unidos. Para él, El Salvador era una amenaza, viendo el ejemplo de la victoria sandinista en Nicaragua en 1979. Durante la guerra, el gobierno estadounidense apoyó al ejército salvadoreño, sobre todo con dinero, en la lucha contra la guerrilla (Huezo, 1994: 252-254; Van der Borgh, 1998: 26). Por primera vez en muchos años, en 1984 El Salvador llegó a tener un presidente que había obtenido la mayoría de los votos en las elecciones. También cinco años después el nuevo presidente de la república, Alfredo Cristiani de ARENA, fue elegido por los salvadoreños en las elecciones de ese año. Pero a pesar de que el país ya no conocía una dictadura militar, la guerra no había terminado. Todavía en el 1989 hubo muchos disturbios e insurrecciones, entre otros en partes de la capital, lo cual fue respondido con bombardeos por parte del ejército. En ese mismo año, el ejército dio la orden del asesinato de seis sacerdotes jesuitas de la Universidad Centroamericana (UCA) (Huezo, 1994: 257-260).

Al iniciarse la guerra, ambos el ejército y el FMLN pensaban lograr una victoria a corto plazo. Pero mientras se alargaba la guerra, los dos se dieron cuenta de que era una lucha sin fin, por lo que surgió la idea

27

de una posible solución a través del diálogo y de la negociación (Huezo, 1994: 255). A finales de 1989, el gobierno salvadoreño y el FMLN llegaron al acuerdo de que la única solución al conflicto sería una salida política, por medio de negociaciones, y pidieron que la Organización de las Naciones Unidas fuera el intermediario en estas negociaciones. Los Estados Unidos ya no insistieron en la lucha contra la guerrilla y dieron su apoyo a las negociaciones de paz, por diferentes razones. En primer lugar, la llamada "Guerra Fría" había llegado a su fin con la caída del muro de Berlín en 1989, por lo que estaba desapareciendo la rivalidad entre las dos superpotencias, los Estados Unidos y la Unión Soviética. Con la desaparición de la guerra fría era menos imposible buscar una solución para el conflicto en El Salvador, porque la atención pudo concentrarse en los problemas internos. Otros motivos por los cuales el gobierno estadounidense cambió su actitud en cuanto al conflicto en El Salvador fueron el asesinato de los jesuitas de la UCA y la derrota de los sandinistas en Nicaragua en 1990 (Huezo, 1994: 262, 263; Van der Borgh, 1998: 31; Martínez Peñate, 2002: 164).

El 4 de abril de 1990, el gobierno de Cristiani y el FMLN firmaron un acuerdo que estableció las normas rectoras de las negociaciones de paz. Los dos se comprometieron a no retirarse de este proceso de paz. Durante dos años hubo muchas reuniones y negociaciones, en las cuales el gobierno salvadoreño y el FMLN firmaron varios acuerdos sustantivos en San José, en la ciudad de México y en Nueva York, hasta llegar al acuerdo de paz de Chapultepec, México, el 16 de enero de 1992. Durante las negociaciones hubo mucho apoyo de parte de la comunidad internacional, entre otros de los Estados Unidos, la ex-Unión Soviética, los demás países centroamericanos, España, Colombia, México y Venezuela (Huezo, 1994: 262-264; Van der Borgh, 1998: 32).

Dos semanas después de que el gobierno salvadoreño y el FMLN habían firmado el acuerdo de Chapultepec se inició un cese de fuego y en octubre de ese mismo año la guerra oficialmente había terminado. Según los acuerdos, se estableció la Policía Nacional Civil (PNC), un cuerpo nuevo e independiente de las Fuerzas Armadas, se redujo el número de la

28

tropa y el FMLN se convirtió en un partido político reconocido. En 1994 tuvieron lugar las llamadas 'elecciones del siglo', en las cuales por primera vez pudieron participar todos los partidos políticos (Huezo, 1994: 265-266; Van der Borg, 1998: 33, 38-39).

2.3 Sociedad, economía y política de El Salvador

A pesar de que la guerra en El Salvador haya terminado hace ya más de diez años, el país todavía se ve enfrentado con muchos obstáculos para el proceso de paz. Un problema que ya existe hace mucho tiempo es el de la distribución de la tierra. Las reformas agrarias planeadas nunca fueron completadas, por lo cual el país todavía conoce una distribución muy desigual de la tierra. Un fenómeno más reciente es el problema del medio ambiente. El Salvador muchas veces es llamado 'un desastre ecológico', entre otros por la cantidad de tierras marginales que se usan para la agricultura, por la deforestación y por la contaminación de aire y agua. Un tercer obstáculo para el proceso de paz es la enorme contradicción entre la riqueza de una pequeña oligarquía y la pobreza de una gran mayoría de la población. Según Biekart, un 48 % de la población salvadoreña vivía en pobreza en el año 1997. En el 2003, este porcentaje había bajado a 39 %, lo que todavía significa una parte considerable de la población. Además de la pobreza, el nivel de desigualdad de ingresos resulta ser mayor que en otros países que tienen el mismo ingreso per cápita (Glower, 1997: 118; Van der Borgh, 1998: 42-44; Biekart, 1999: 9, 20; Savenije y Andrade, 2003: 3).

La pobreza es un problema muy grande en El Salvador, pero según la población salvadoreña el obstáculo más grande para el proceso de paz es el crecimiento expansivo de la violencia y de la delincuencia en el país. El Salvador ha llegado a ser uno de los países más violentos de América Latina. Existe una 'cultura de violencia', la cual es una herencia de la guerra de los años ochenta. La gente se ha acostumbrado al hecho de ver heridos y muertos en la calle; este fenómeno, en vez de ser algo que asusta, ha llegado a ser parte de la vida cotidiana. Se pueden encontrar diferentes causas para el aumento de la violencia en El Salvador en los últimos años. Una de las razones más importantes es la desigualdad social, y con ella la pobreza para una parte considerable de la población. Otra causa de la violencia es el hecho de que muchos ex-militares y ex-guerrilleros todavía poseen armas. Además de estas dos

30

razones, se puede mencionar un fenómeno reciente que también causa el crecimiento de la violencia: el surgimiento de las pandillas o 'maras'. Algunos factores que desencadenaron el fenómeno de las pandillas son el proceso acelerado de urbanización, los efectos del conflicto armado, la cantidad de familias debilitadas y la frecuencia de violencia intrafamiliar, la 'cultura de violencia', la pobreza, la exclusión de jóvenes del mercado laboral y el abandono de muchos jóvenes del sistema educativo formal (Van der Borgh, 1998: 45; Biekart, 1999: 11, 22; Santacruz y Concha-Eastman, 2001: 29, 34-35). Otro problema grave en cuanto a la violencia es el hecho de que siguen siendo puntos de discusión la corrupción y la violación de derechos humanos dentro de la Policía Nacional Civil (PNC); mientras que este nuevo cuerpo de seguridad debería de ser la solución para el aumento de la violencia, en la realidad no resulta ser capaz de mejorar la situación (Biekart, 1999: 26-27).

Uno de los temas más importantes en la historia reciente de El Salvador es la emigración. A finales del siglo XX, más de un millón de salvadoreños estaba viviendo en los Estados Unidos, el país que recibió una gran mayoría de los emigrantes salvadoreños de las últimas décadas. El dinero que estos emigrantes mandan a sus familias en El Salvador, las remesas, son muy importantes para la economía salvadoreña. Para dar un ejemplo, en 1996 El Salvador recibió aproximadamente US $ 1,250 millones en remesas, lo que significaba un 12.4 % del PIB y casi 70 % del valor de las exportaciones totales en ese año (Glower, 1997: 103). Los efectos de la guerra de los ochenta han significado un daño muy grande para la economía nacional. Con la ayuda del FMI y de USAID, la economía salvadoreña pudo volver a crecer algo, pero al mismo tiempo esto tenía como consecuencia una mayor dependencia del extranjero. La Fundación Salvadoreña para el Desarrollo Económico y Social (FUSADES) intentó seguir un modelo económico según ideas estadounidenses, lo cual llegó a ser la base para el programa político del partido de gobierno de ARENA. Los presidentes de este partido que gobernaron el país en la década de los noventa, Alfredo Cristiani (1989-1994) y Armando Calderón Sol (1994-1999), intentaron promover nuevos productos de exportación y crear un mercado más abierto. Entre 1990 y 1995, la economía salvadoreña conoció un crecimiento anual de aproximadamente 6 % y el país fue llamado 'a Latin American Tiger' (Glower, 1997: 105), por tener una de las economías más dinámicas del hemisferio. Pero no había suficiente atención para el mercado interno y las necesidades locales. A pesar del crecimiento de la economía, siguió existiendo la desigualdad social en el país. Según Glower sería necesario en El Salvador establecer un crecimiento económico sostenido que al mismo tiempo permitiera una distribución más equitativa, para poder combatir la pobreza y la desigualdad (Glower, 1997: 105; Van der Borgh, 1998: 45-48, 54-57; Biekart, 1999: 19).

Otro problema grande para la sociedad salvadoreña es la falta de buenos sistemas de salud y educación. El gobierno salvadoreño invierte mucho dinero en asuntos como la infraestructura y el ejército, pero sólo un pequeño porcentaje de sus gastos está destinado a la educación y la salud. En 1995, el presupuesto del Ministerio de Educación era sólo un 2.3 % del PIB, y ambos antes y después de ese año los gobiernos de ARENA no han cumplido sus promesas de aumentar este presupuesto. El analfabetismo en el país era de casi 20 % en el año 2003 (CIA, 2003; Glower, 1997: 124; Van der Borgh, 1998: 51-52; Biekart, 1999: 28).

Más de diez años después de la guerra, la sociedad salvadoreña sigue siendo muy polarizada. En las elecciones municipales de 1997 hubo una victoria sorprendente para el FMLN, pero en las elecciones presidenciales dos años después ganó Francisco Flores, el candidato a la presidencia de ARENA. En las elecciones de 1997 y 1999, el pueblo salvadoreño mostró que tenía muy poca confianza en la política de su país, considerando que sólo una tercera parte de la población en edad de votar dio su voto. Los salvadoreños tienen una percepción negativa de los partidos políticos en su país, lo cual es comprensible tomando en cuenta las noticias casi diarias de corrupción y la actitud agresiva entre los partidos durante las campañas electorales (Van der Borgh, 1998: 64-65; Biekart, 1999: 18, 27-30).

En las elecciones presidenciales del 21 de marzo de 2004 participaron cuatro partidos políticos, a saber la Alianza Republicana Nacionalista (ARENA), el Frente Farabundo Martí para la Liberación Nacional (FMLN), la coalición del Partido Demócrata Cristiana y el Centro Democrático Unido (PDC-CDU) y el Partido de Conciliación Nacional (PCN). Sin embargo, la campaña electoral, que duró de octubre de 2003 a marzo de 2004, fue sobre todo una lucha entre ARENA y el FMLN, porque desde un principio se sabía que la coalición PDC-CDU y el PCN sólo iban a obtener un pequeño porcentaje de los votos. La campaña tuvo muy poco contenido político, ya que los dos partidos principales se dedicaron más a hacer público los errores y escándalos del otro partido que a presentar su propio programa político para los próximos cinco años de gobernación. Mientras se acercaba la fecha de las elecciones, la lucha entre los dos partidos llegó a ser más agresiva y se notaba cada vez más el grado de polarización en la sociedad salvadoreña. ARENA, que era el partido que tenía más dinero y otros recursos para hacer campaña, logró convencer a una mayoría de la población del 'peligro' que sería un gobierno del FMLN. A pesar de que las encuestas de las semanas anteriores a las elecciones señalaban casi un empate entre los dos partidos, al final de la jornada electoral resultó que ARENA había ganado en primera vuelta y con una diferencia considerable. El PDC-CDU y el PCN no obtuvieron el mínimo de votos necesario, así que a partir de estas últimas elecciones los únicos partidos que quedan son el partido de derecha ARENA y el partido de izquierda FMLN. Esto significa la desaparición del centro y aún más polarización política.

3 Aspectos metodológicos

3.1 Preguntas de investigación e hipótesis

La problemática o pregunta central de esta tesis es la siguiente: ¿Cómo se puede describir el status social de los músicos en San Salvador, y en qué manera influye este status en la posición económica de estos músicos? Perteneciente a esta pregunta se puede describir la hipótesis de que el status social de un músico en San Salvador es el indicador más importante de su posición económica. La pregunta central de esta tesis se dividirá en tres partes. En primer lugar se intentará situar el status social de los músicos y los diferentes aspectos que tienen que ver con el reconocimiento que las personas que ejercen esta profesión reciben dentro del contexto de la sociedad salvadoreña. En segundo lugar se tratará de dar una descripción de la posición económica de los músicos y de los factores que de alguna manera pueden influir en estas condiciones económicas. Como último se intentará encontrar una relación entre el status social de los músicos en San Salvador y su posición económica.

3.2 Métodos de investigación

Puesto que no fue posible encontrar literatura dedicada a los músicos en San Salvador, la investigación fue dedicada sobre todo a hacer entrevistas con los músicos y otras personas relacionadas con ellos y su trabajo. De ahí que la mayor parte de los resultados de la investigación, los capítulos 4, 5, 6 y 7, está basada en las respuestas de los entrevistados. Las entrevistas realizadas fueron entrevistas en profundidad, sobre todo consistiendo en preguntas abiertas. En vista de ello, no fue posible hacer una gran cantidad de entrevistas, lo que hace que esta sea una investigación cualitativa en vez de cuantitativa. Para el marco teórico y el capítulo de contexto, así como para algunos hechos y detalles de los capítulos que muestran los resultados de este estudio, fueron usados diferentes libros y artículos de revistas y de Internet, los cuales se pueden encontrar en las referencias bibliográficas.

El espacio en que se realizó esta investigación fue limitada a San Salvador, la capital del país, por dos motivos. En primer lugar, describir la situación de los músicos en todo El Salvador sería un tema demasiado amplio, por lo que era necesario elegir sólo una parte del país. En segundo lugar, es en San Salvador donde se efectúa la mayoría de los eventos musicales en el país, lo cual convierte esta ciudad en el espacio más interesante para la realización de esta investigación de tesis. Una vez elegida San Salvador, fue necesario reducir el tema aun más, ya que hablar de todos los músicos en San Salvador también sería un tema demasiado amplio para un estudio de este tamaño. El grupo meta elegido para las entrevistas de esta tesis son los músicos que tocan en vivo en los bares, cafés y restaurantes en San Salvador. Este grupo fue elegido también por dos motivos: en primer lugar porque la gran oferta de música en vivo en la capital es un hecho que llama la atención y en segundo lugar porque este grupo resultó ser más fácil de contactar, entre otras cosas por los contactos ya encontrados a través del Internet antes de los tres meses de investigación. Durante la investigación, se decidió limitar el tema todavía más, por medio de la exclusión de dos grupos específicos de músicos que tocan en vivo en bares o restaurantes, a saber los 'mariachis' y las bandas que tocan música tropical. Los 'mariachis' por lo general no dan presentaciones fijas, sino que ellos van de mesa a mesa y de restaurante a restaurante, en la mayoría de los casos recibiendo dinero de la clientela de esos restaurantes en vez de recibir una remuneración del dueño del lugar. Por lo tanto, estos músicos forman un grupo diferente y específico, y no serán incluidos en los resultados de esta investigación. Las bandas que tocan música tropical, como cumbia, salsa y merengue, sí dan presentaciones fijas en bares y restaurantes, pero además de esto muchas veces son contratadas para tocar en bodas, quinceañeras y otras fiestas. Puesto que en estas fiestas generalmente tienen la oportunidad de recibir una remuneración mucho más alta que en bares y restaurantes, su posición económica casi siempre difiere mucho de las condiciones económicas en que se encuentran los músicos que se dedican a otros géneros. Esta diferencia fue el motivo para también excluir las bandas de música tropical de esta investigación.

Durante la investigación fueron realizadas entrevistas con veinte músicos de doce bandas diferentes. Además de estos veinte músicos, que todos viven en El Salvador, fue entrevistado por medio de Internet un músico salvadoreño que vive y trabaja en México. Los géneros de música a los cuales se dedican los músicos entrevistados son rock (cinco bandas, de las cuales una banda especifica el género de su música como rock progresivo, otra como una mezcla de rock y música electrónica y una banda lo especifica como rock latino), pop (dos bandas), nueva trova (dos bandas), hiphop (una banda), reggae (una banda) y, como último, una fusión de ritmos (una banda). Además de los músicos, han sido entrevistados los dueños de un bar, dos cafés y un restaurante, un periodista de la sección 'FAMA' del periódico La Prensa Gráfica, una persona que contrata a los artistas extranjeros que dan conciertos en San Salvador y a los músicos nacionales que abren estos conciertos y, como último, una persona que trabaja en la sección de música en CONCULTURA, el ministerio del gobierno salvadoreño dedicado a las diferentes formas de cultura y arte en el país. La mayoría de los entrevistados vive en o cerca de San Salvador, excepto los miembros de dos bandas que viven en otros departamentos del país y un músico que vive en México.

3.3 Los tres meses de investigación en San Salvador

Para poder escribir esta tesis sobre músicos en San Salvador, pasé un periodo de tres meses en esta ciudad, del 9 de febrero hasta el 7 de mayo de 2004. Después de haber tomado el tiempo para acostumbrarme al clima y a la diferencia de horario, pude empezar con las primeras entrevistas a través de los contactos ya establecidos desde Holanda, a través del Internet. Por medio de estos primeros contactos, también tuve la oportunidad de entrar en contacto con otras personas, ya que algunos de los primeros entrevistados me dieron nombres y números de teléfono de otros músicos que podría entrevistar. Decidí elegir este método, llegar en contacto con más músicos a través de los contactos que ya tenía, porque esta era la manera más fácil de llegar a conocer, en muy poco tiempo, a muchas personas que me podían ayudar con mi tesis. Soy consciente de que este método de conseguir contactos implica un muestreo no representativo; no obstante, decidí seguir este método por su rapidez y también porque para el grupo meta de esta tesis es el método más conveniente, ya que muchos de los músicos que tocan en vivo en bares y restaurantes en la capital se conocen entre sí. Además de conseguir contactos a través de este método, intenté obtener entrevistas con músicos y dueños de lugares con música en vivo a través de los anuncios que aparecían en los periódicos en la sección de actividades artísticas, por medio de anuncios de presentaciones en carteles en la Universidad Centroamericana y a veces en otros lugares en la ciudad, y buscando lugares con música en vivo en las páginas amarillas de San Salvador.

En la primera parte de mi estancia en San Salvador sólo entrevisté a músicos y a dueños de bares y restaurantes con música en vivo. Por medio de las respuestas de los entrevistados me di cuenta de la importancia que tenían los medios de comunicación (en especial los periódicos y las radios) y el gobierno en cuanto a este tema. En vista de ello, también conseguí una entrevista con un periodista de la sección 'FAMA' del periódico La Prensa Gráfica y con una persona que trabaja en la sección de música en CONCULTURA, parte del gobierno salvadoreño.

Intenté obtener entrevistas con locutores u otras personas que trabajan en la radio, pero en las semanas que me quedaban no fue posible conseguir algún contacto en la radio, ya que no fueron contestadas ni las llamadas por teléfono ni los mensajes mandados por correo electrónico. Por lo tanto, la información en la sección 7.3 sobre las radios proviene de las respuestas de músicos y algunos de los otros entrevistados.

En la mayoría de los casos, no hubo dificultades en contactar a los músicos y obtener entrevistas con ellos. Todos estaban dispuestos a cooperar, porque les interesaba mucho el tema y estaban sorprendidos por el hecho de que alguien de Holanda se interesara por ellos. Lo que costó más esfuerzo y tiempo, fue obtener entrevistas con dueños de bares y restaurantes. Muchas veces no tenían tiempo o no se encontraban en su negocio en el momento de visitarlo o llamar al lugar por teléfono. Es por eso que la cantidad de entrevistas con dueños de bares y restaurantes es un poco más baja de lo planeado. Sin embargo, sí pude conseguir entrevistas con dueños de los diferentes tipos de lugares que son importantes para este estudio, a saber un bar, dos cafés y un restaurante.

Además de todas las experiencias contadas por los músicos entrevistados, en las últimas semanas de mi estancia en San Salvador tuve la oportunidad de vivir mi propia experiencia, cantando y tocando guitarra en un bar, en un café y en un restaurante en la capital. Aunque estas pequeñas presentaciones evidentemente no me hayan dado una imagen realista del status social y de la posición económica de los músicos en San Salvador, sí me han dado la oportunidad de ver cómo funcionan estas presentaciones en vivo y cuales son los motivos por los que los músicos, a pesar de las dificultades, siguen haciendo este trabajo.

4 El trabajo de los músicos en San Salvador

4.1 Actividades de los músicos salvadoreños

Los músicos entrevistados para esta investigación de tesis, además de tocar en vivo en bares o restaurantes, hacen muchos otros tipos de trabajo que tienen que ver con la música. Hay muchas actividades que los diferentes grupos, sean los que tocan música reggae, rock, pop, hiphop o nueva trova, tienen en común, aunque también se pueden señalar varias diferencias. Además de las presentaciones en bares y restaurantes, un tema que se tratará en la siguiente sección, una de las principales actividades de los músicos son los ensayos. El término 'ensayo' aquí puede tener dos significados. En primer lugar están los ensayos en grupo, con todos los miembros de la banda, que muchas veces tienen lugar en algún espacio alquilado o en la casa de alguno de los músicos. En segundo lugar, con 'ensayo' se puede referir a las horas que cada músico por su cuenta necesita para aprender canciones nuevas o mejorar la manera de tocar su instrumento. Además de los ensayos, varios músicos dedican mucho tiempo a hacer arreglos de canciones existentes, para poder tocar los *covers* a su manera, y en algunos casos también a componer música, aunque esto sólo aplica a las bandas que tocan música original, las cuales forman una minoría. Para algunos entrevistados, una parte esencial del tiempo que dedican a la música son las horas de viaje. Los miembros de algunas bandas no viven en San Salvador y tienen que viajar hasta la capital para sus presentaciones, mientras que otras bandas, que sí son de San Salvador, muchas veces tocan en vivo en bares en diferentes playas, a más de una hora de la capital. Varios músicos dedican una gran parte de su tiempo a la grabación de sus canciones en discos y en promover su música. Estas formas de publicidad serán tratadas en la sección 4.3. Además de los ensayos, en grupo e individuales, hay músicos que dicen que intentan llegar a tener un conocimiento más grande de su estilo de música y los diferentes grupos del mismo género que existen en el mundo, para así obtener nuevas ideas y mejorar su propia música. Para

40

lograr eso, sobre todo necesitan escuchar programas de diferentes emisoras de radio, ver programas musicales en la televisión y también buscar música e información en Internet, ya que a través de la radio y la televisión salvadoreñas solamente, muchas veces no consiguen encontrar lo que buscan. Muchos músicos tocan en dos o incluso tres bandas al mismo tiempo, lo que implica que el tiempo que tienen que dedicar a la música es casi el doble o el triple del tiempo que necesita alguien que sólo toca en una banda. Algunos de los entrevistados pueden dedicarse a tiempo completo a la música, porque hacen muchas actividades musicales diferentes al mismo tiempo. Un músico entrevistado, para dar un ejemplo, toca en dos bandas diferentes, pero además de eso tiene un empleo como director del coro de una universidad, mientras que el tiempo que le queda lo usa para hacer arreglos, para ayudar y acompañar bandas estudiantiles y para organizar conciertos en la universidad.

En cuanto al tiempo por semana que los entrevistados dedican a la música, hay una diferencia muy grande entre las bandas que tocan música original y los grupos que tocan *covers*. Según los primeros, lo que les cuesta más tiempo es seguir inventando música nueva, componer su propia música y experimentar y ensayar hasta que todos estén contentos con el resultado. Las bandas que tocan *covers* necesitan tiempo para hacer los arreglos de canciones de otras artistas, pero como esas canciones ya existen, pueden aprender a tocarlas más rápido que música propia. De los entrevistados, sólo una minoría pequeña se dedica a la música a tiempo completo. La mayoría tiene otro empleo o una carrera universitaria, por lo que sólo pueden dedicar una parte de su tiempo a la música. La cantidad de presentaciones de las bandas varía entre una vez al mes y cuatro veces por semana; la mayoría de los grupos toca en vivo en algún bar o restaurante una o dos veces por semana. En cuanto a los ensayos, para algunos grupos es una vez por semana y para otros todas las noches en las que no tienen presentaciones, lo que puede llegar a unas cinco veces por semana. La mayoría ensaya una o dos veces semanales. Las horas de estudio individual de cada músico en su casa, con su instrumento, varían entre unas horas por semana y unas horas por día, dependiendo de la cantidad de los ensayos en grupo y presentaciones, de los proyectos eventuales de la banda para el futuro y también del tiempo del que dispone el músico.

4.2 Las presentaciones en bares y restaurantes en San Salvador

Para la mayoría de los músicos, lo más importante de su trabajo son las presentaciones, las noches de tocar en vivo en bares o restaurantes. Como ya fue mencionado antes, la cantidad de presentaciones para los diferentes grupos puede variar entre una presentación al mes y tres o cuatro presentaciones semanales. También las horas que dura cada presentación pueden variar mucho, aunque la mayoría de las bandas toca entre una hora y media y tres horas por noche. Los músicos pueden tener diferentes motivos por querer tocar en vivo en bares o restaurantes en San Salvador. Hay músicos que tocan para obtener dinero, lo que por ejemplo pueden usar para la compra de nuevos instrumentos o la reparación del equipo que tienen, o para grabar discos. Pero, como será explicado en el capítulo 6, en la mayoría de los casos las ganancias son muy pocas, así que también hay otras razones por las cuales los músicos tocan en vivo. Algunos mencionan que lo más importante para ellos es promover su música, darla a conocer a un público, para así llegar a tener más fama y más oportunidades de vender su música y eventualmente dar conciertos más grandes. Otros dicen que simplemente tocan en vivo porque eso es lo que más les gusta: la satisfacción al poder estar en un escenario, al tocar la música que a uno le gusta y al oír los aplausos del público es el motivo más importante para ellos para seguir tocando en vivo. Para la mayoría de los músicos, lo que hace que sigan dando presentaciones es una combinación de estos tres motivos, aunque hay diferencias entre los músicos en la valoración de cada uno de los motivos: lo que para uno puede tener sólo un poco de influencia, para otro músico es el motivo más importante para seguir con su trabajo.

En San Salvador hay muchos bares y restaurantes donde los músicos pueden tocar. Casi cada noche hay algún lugar que tiene música en vivo, y sobre todo los viernes y sábados la oferta de música en vivo en la capital es muy grande. Se pueden señalar muchas diferencias entre los lugares donde los músicos pueden tocar en vivo. En primer lugar, se puede hablar del tamaño del lugar. Hay bares o restaurantes muy pequeños, casi sin espacio, donde los músicos sólo pueden tocar para un público de entre diez y quince personas, pero también hay lugares muy grandes, donde el público, también dependiendo del día y del tipo de música, puede llegar a unas 200 o 300 personas. El estilo de música de la banda que toca influye mucho en la cantidad de personas que llega a escucharla. Si un grupo toca música alegre y bailable, fácilmente puede llenar un bar, mientras que para los grupos de rock o los músicos que tocan y cantan nueva trova puede ser difícil atraer un público de cincuenta personas. En cuanto a la cantidad de público, también hay una diferencia entre los grupos que tocan música original y los que tocan *covers*. Parece que el público prefiere la música conocida, de otros artistas, por lo que a los músicos les cuesta mucho más llenar un lugar si sólo tocan música propia. Los lugares también se diferencian en cuanto a los recursos que tienen. Sólo en algunos bares y restaurantes disponen de una tarima y un equipo de sonido, pero en la mayoría de los casos los músicos no pueden tocar en una tarima y además tienen que llevar su propio equipo, lo cual significa que no sólo tienen que tener sus instrumentos musicales, sino que también los micrófonos, cables, altavoces y otro equipo necesario. Además de los gastos, esto implica una pérdida de tiempo, ya que antes de cada presentación necesitan por lo menos media hora o una hora para instalar su equipo, y al terminar la presentación tienen que volver a empacar todo y llevarlo a su casa.

Hay bandas que tienen un lugar fijo donde pueden tocar cada cierto tiempo, por ejemplo cada semana en una noche determinada. Estos grupos tienen un acuerdo con el dueño del bar o del restaurante y así saben que durante un periodo indefinido podrán seguir tocando en el mismo lugar. Otros músicos no tienen ese tipo de acuerdos y por lo tanto tienen que buscar cada semana de nuevo si hay un lugar donde pueden dar una presentación. Para algunos grupos es más difícil encontrar lugares donde tocar que para otros. Hay bandas que por el contenido de su música, por lo que dicen las letras de sus canciones, sólo pueden tocar en algunos bares y son rechazadas en la mayoría de los lugares. En general, aquí se trata de músicos que cantan de la realidad social de su país, de los problemas que existen en la sociedad salvadoreña. Aunque en este momento, más de diez años después del final de la guerra, el interés para este tipo de música parece estar aumentando un poco, los interesados en esta música sólo forman un público pequeño y muy específico: todavía no es aceptada por una mayoría de la gente.

4.3 La publicidad: promover la música en El Salvador y en el extranjero

Para que los músicos puedan seguir con su trabajo, es muy importante que un gran público les conozca a ellos y a sus canciones. Promover su música, por lo tanto, es una de las actividades principales de muchos grupos. Pueden llegar a tener más fama y dar a conocer su música de diferentes maneras. Aparte de las presentaciones en bares y restaurantes, que ya fueron mencionadas en la sección anterior, los músicos pueden tocar en otras ocasiones para promover su música. Hay bandas que tocan en festivales que son organizados en el país, como el Festival de Verdad que se organiza cada año en la Universidad Centroamericana en San Salvador y donde músicos salvadoreños y extranjeros tocan para conmemorar, entre otras cosas, el asesinato de monseñor Romero en 1980. En este tipo de festivales, muchas veces los músicos tocan sin recibir ninguna remuneración, pero lo hacen justamente para que toda la gente que viene al festival los vea y escuche su música. Otra oportunidad para los músicos para que una gran cantidad de gente escuche sus canciones la pueden encontrar en los conciertos grandes de artistas extranjeros que vienen a El Salvador. Cada vez que un artista conocido del extranjero viene a dar un concierto en algún estadio o teatro grande en San Salvador, un grupo nacional le abre el concierto. Muchos músicos nacionales lo ven como una oportunidad muy grande para dar a conocer su música a un público inmenso, ya que a ese tipo de conciertos a veces pueden llegar miles de personas. Por eso, una mayoría de las bandas está dispuesta a abrir el concierto con algunas canciones para una remuneración muy baja, o a veces hasta sin remuneración alguna. La desventaja de esto es que así, los mismos músicos subestiman la calidad de su música y los organizadores de los conciertos se aprovechan de eso, dejándolos tocar sin darles la recompensa que merecen. Los músicos que sí piden que les paguen lo suficiente para abrir un concierto en la mayoría de los casos son rechazados, porque siempre hay suficientes bandas que están dispuestas a tocar por menos dinero.

Otra manera en que los músicos pueden llegar a tener más publicidad es por medio de la grabación de su música en discos. En cuanto a esto, una desventaja muy grande para los músicos salvadoreños es que en El Salvador no hay una industria disquera, lo que dificulta la grabación de discos de buena calidad. Sí hay estudios de grabación de sonido en el país, pero en general son muy caros y los músicos no siempre tienen el dinero para poder pagar la grabación de un disco en un estudio, por lo que muchas veces deciden intentar grabar los discos en sus propias casas, con su computadora y discos vacíos. Estas grabaciones 'caseras' a veces pueden ser muy buenas, pero casi siempre carecen de la calidad necesaria para que las pongan en las radios nacionales. De varias de las bandas entrevistadas, algún integrante del grupo es el dueño de un estudio de grabación de sonido, lo que les da una ventaja muy grande a los integrantes de estas bandas sobre los músicos que siguen dependiendo de estudios caros o grabaciones hechas en casa.

Después de grabar un disco, los músicos tienen que intentar promoverlo y venderlo. Esto también lo pueden hacer de diferentes maneras. Lo que casi todos intentan, es llevar el disco a las emisoras de radio con la esperanza de que pongan su música, para así llegar en poco tiempo a un público muy grande. Uno de los problemas que encuentran ahí, es que los organizadores de los programas y los locutores ponen mucha música que viene del extranjero y dejan muy poco espacio para la música nacional. También hay músicos, aunque una pequeña minoría, que intentan promover su música a través de un video. Pero también en los canales de la televisión encuentran varios obstáculos antes de que su video llegue a los programas musicales. El papel de ambas la radio y la televisión será tratado más detalladamente en la sección 7.3. Otra manera en que algunos músicos intentan vender sus discos, es promoviéndolos en los recesos de sus presentaciones en el lugar donde tocan. Se bajan del escenario y se acercan a las mesas para sentarse a hablar con las personas presentes y así intentar despertar el interés por sus discos.

Hay músicos que usan otro medio, el Internet, para promover el grupo y su música. Muchas bandas tienen su propia página de Internet, en la que entre otras cosas se pueden encontrar fotos, información sobre los integrantes del grupo y fechas de las próximas presentaciones. Además de tener una página de Internet, algunas bandas tienen una lista de correos electrónicos de todos los interesados, la cual usan por ejemplo para mandar invitaciones para las siguientes presentaciones o conciertos. Así mantienen informada a toda la gente que ya conocía la banda y además consiguen que la información llegue a un público más grande, ya que casi siempre hay personas de la lista que reciben la invitación y dan la información a otros amigos y conocidos, para que también vayan a la presentación.

Para algunos músicos promover su música es tan importante, que no se quedan dentro de El Salvador, sino que intentan cruzar las fronteras y promover su música en el extranjero. Esto no lo hacen efectivamente saliendo de su país, sino que mandando sus discos y, si los tienen, sus videos a distribuidores de otros países con la esperanza de que su música tenga éxito más allá de las fronteras salvadoreñas.

5 El status social de los músicos salvadoreños

5.1 En general: la imagen del músico en El Salvador

"A nosotros nos miran como marihuaneros, como drogadictos, como alcohólicos, como mujeriegos, y algunas veces hasta nos confunden con mareros porque tenemos tatuajes."

(Integrante de la banda La Pita Vieja)

Esta frase de uno de los entrevistados, miembro de una banda de música rock, refleja muy bien como es la imagen que tiene una mayoría de los salvadoreños del músico. Los músicos son vistos como 'vagos', como personas que no hacen nada, ya que la música según mucha gente no es una profesión digna, sino sólo un hobby. Además de esta imagen del músico vago que no trabaja y siempre llega tarde, existe la idea de que casi todos los músicos tienen una debilidad por el alcohol, las drogas y las mujeres.

Esta visión de la gente con respecto a los músicos es influenciada por diferentes factores. En primer lugar se puede mencionar el aspecto de los músicos. Según los entrevistados, el aspecto es una de las cosas que más influencian en el status o reconocimiento que alguien puede tener. Muchos músicos, y sobre todo los de ciertos géneros como el rock, el reggae y el hiphop, tienen una fama de ser 'informales', entre otros por la ropa que usan, porque algunos tienen el pelo largo y porque, en algunos casos, tienen tatuajes. Esto último no sólo les da la imagen de ser informales, sino que incluso ha pasado muchas veces que la gente los confunde con 'mareros' o pandilleros. En El Salvador, el problema de la violencia de las pandillas es un tema muy actual y discutido, sobre todo después de la aprobación de una nueva ley con respecto al 'Plan Mano Dura' del gobierno salvadoreño, la cual implica que, entre otras cosas, las personas que tienen tatuajes, que se encuentran en la calle y que no se pueden identificar, pueden ser llevados presos por la PNC. El tener tatuajes es una característica de los pandilleros, pero no solamente de ellos: también es muy común, por ejemplo, entre los músicos que tocan rock. Por lo tanto, varias veces músicos han sido llevados a la cárcel por ser confundidos con mareros.

Otro aspecto que determina el status que puede tener un músico, es el estilo de música que toca. Hay una diferencia muy grande entre el reconocimiento que puede tener por ejemplo un músico que toca jazz o nueva trova y un músico que toca rock o reggae. Entre los entrevistados, los que parecen tener un status más bajo son los que tocan música rock, reggae y hiphop, por un lado por su aspecto y por otro lado por la imagen relacionada a estos géneros que existe entre la gente. La música de bandas que pertenecen a estos géneros no es valorada de la misma forma que otros estilos de música. Además del género, también puede influir la calidad de la música. Si el nivel es muy alto, es más probable que la música sea valorada. Sin embargo, la calidad de la música no parece ser uno de los aspectos más importantes para determinar el status social, ya que sólo algunas veces fue mencionada por los entrevistados. Además, hay músicos que dicen que la calidad no tiene importancia para llegar a tener reconocimiento, ya que según ellos hay muchas canciones sin calidad que sí llegan a tener éxito, mientras que no son valoradas otras canciones que tienen un nivel mucho más alto.

Lo que la mayoría de los entrevistados menciona como causa principal del poco reconocimiento que ellos reciben en su país, es que el no valorar la música parece ser parte de la cultura, de la sociedad salvadoreña. Durante y también en los años después de la guerra, los sitios de difusión de las diferentes formas de arte eran casi inexistentes. En los últimos años esto ha cambiado, pero parece que para la mayoría de la gente salvadoreña todavía existe la idea de que la música u otras formas de arte no tienen tanta importancia como otros aspectos de la vida cotidiana. Esta idea es fortalecida por el hecho de que también por parte de las autoridades casi no es reconocida la actividad cultural. Según la dueña de un bar con música en vivo, es inconcebible que la gente valore la música en una sociedad en la cual ni el Estado le da su apoyo. El papel del gobierno salvadoreño en cuanto a la posición socioeconómica del músico será tratado en la sección 7.2.

Otro factor que para los entrevistados tiene influencia en su status como músico, es el simple hecho de ser salvadoreño. En El Salvador existe la idea de que lo que viene de fuera siempre es mejor. En cuanto a la música, esto significa que hay una valoración mucho más grande de la música que viene del extranjero que de la música nacional. Según muchos salvadoreños, lo que viene de su país no puede ser de buena calidad, por lo que prefieren escuchar la música de por ejemplo los Estados Unidos, México o España. La gente no está dispuesta a pagar un precio alto de entrada para un concierto de un músico nacional, y también en las radios y en los programas musicales en la televisión se cumple con los deseos del público, lo cual significa un obstáculo muy grande para el músico salvadoreño. Uno de los entrevistados, miembro de un grupo de música pop, explicó este fenómeno de la siguiente manera:

"Si en la radio dicen 'vamos a poner una canción nacional', creo que algunos hasta apagan la radio. Pero si no dijeran de donde es y si les gustara la canción, sí la escucharían. Entonces tienen la idea de que si es de aquí, no va a prosperar."

(Integrante de la banda Komienzos)

Según algunos entrevistados hay músicos que, dentro de lo posible, pueden llegar a tener un poco más de reconocimiento por ya ser un poco mayor y tener más años de experiencia en el oficio de la música. Los músicos jóvenes los ven a ellos como un ejemplo, porque parecen obtener más respeto del público. Sin embargo, algunos músicos ya un poco mayores dicen que todos los años de experiencia no los han puesto en ningún lugar, que no les han dado ningún status. A pesar de que a los músicos jóvenes les parezca que los músicos con años de experiencia tienen un status más alto, estos últimos en muchos casos no pueden notar un cambio en el reconocimiento que reciben para su trabajo.

51

Sólo a uno de los entrevistados le parece que sí es posible obtener mucho reconocimiento teniendo la música como profesión. Según él, el reconocimiento incluso puede llegar a ser mayor en una actividad artística que en otras profesiones, por el motivo de que un artista trabaja con emociones. La gran diferencia entre este músico y los demás es que, a pesar de ser salvadoreño, este músico vive y trabaja en México, donde parece haber un apoyo más grande para la música y otras actividades culturales que en El Salvador.

5.2 Reconocimiento por parte de familiares, amigos y el público

La imagen del músico como vago e informal que existe entre una mayoría de los salvadoreños también sigue siendo válida si hablamos de la manera en que piensan los familiares y amigos de los mismos músicos. La música no se considera una profesión, sino un pasatiempo, una actividad de la cual no se puede vivir en El Salvador. Por lo tanto, los músicos casi nunca encuentran apoyo en sus hogares, ni tampoco de sus amigos. Un miembro de una banda de reggae describió cómo es que en general la familia de un músico piensa de él, diciendo lo siguiente:

> "Si por ejemplo alguien es médico, los papás pueden decir con orgullo: 'mi hijo es médico', pero nunca van a ser orgullosos por tener un hijo que es músico."
>
> *(Integrante de la banda Anastasio y los del Monte)*

Otro músico describió la imagen que la gente tiene de los músicos de la siguiente manera:

> "Yo creo que nos perciben como informales, de relajo, y eso es una fama que te precede. Yo he tenido problemas por eso, por ejemplo si en algún momento querés ver qué onda con una chera, los papás a lo mejor tienen ese prejuicio, 'no, con un músico no'... pues hasta en eso."
>
> *(Integrante de la banda OVNI)*

Casi todos los entrevistados se han visto confrontados con la falta de apoyo de sus familiares y amigos cuando comenzaron a trabajar como músicos. Algunos empezaron a recibir más apoyo y reconocimiento después de las primeras señales de éxito a nivel nacional, mientras que los familiares de otros músicos todavía siguen sin comprender la decisión de ellos de querer dedicarse a la música.

También del público, la gente que viene a los bares y restaurantes para escuchar la música, se puede decir que no tiene mucho reconocimiento para los músicos. La gente va a un bar en la noche y quiere música en vivo, es un elemento indispensable de su estancia en el bar. Pero a pesar de que les gusta escuchar música en vivo, muchas personas no están dispuestas a pagar un precio de entrada muy alto. Consideran la música como algo normal, un servicio extra del bar, y además existe la idea de que el músico no trabaja y que sólo lo hace por hobby. Por lo tanto, no les parece bien si para entrar tienen que pagar algunos dólares. Sin embargo, esta misma gente sí está dispuesta a pagar un precio entre cinco y diez veces mayor si se trata de un concierto de un artista de otro país. Aquí es donde se ve la diferencia entre el interés del público para la música extranjera y para la música nacional.

Del público también se puede decir que en la mayoría de los casos no valora la música original de las bandas salvadoreñas, ya que sólo vienen a escucharlas si tocan *covers*, música de otros artistas. Por eso, muchos grupos que tocan en vivo en los bares y restaurantes en San Salvador se ven obligados a tocar *covers,* para no perder su público y mantener el acuerdo que tienen con el dueño del lugar en el que tocan. Las pocas bandas que sí se dedican a tocar solamente su música original, lo pueden notar en la cantidad de público que viene a sus presentaciones y la frecuencia con que se les ofrece tocar en algún lugar. Un hecho interesante es que el público le tiene más respeto a un músico que sabe leer partituras que a un músico que toca todas sus canciones de memoria. Si alguien lee de papeles lo que tiene que tocar, significa que ese músico ha estudiado, lo cual le da un status más alto. Sin embargo, en realidad exige mucho más talento musical y experiencia poder tocar de memoria y ser capaz de improvisar.

Algunos de los entrevistados, ambos músicos y dueños de lugares con música en vivo, piensan que por una parte los mismos músicos son responsables de cómo la gente piensa de ellos, que ellos mismos han creado la imagen que existe con respecto a los músicos. Con esto refieren al aspecto de algunos músicos, como la ropa que usan, y a su actitud durante las presentaciones. Hay músicos que llegan tarde a sus presentaciones y toman alcohol mientras estén tocando; además, muchas veces se quedan después de la presentación a tomar más alcohol hasta que se acabe el dinero que habían ganado tocando esa noche. Estas personas, que probablemente sólo representan una pequeña minoría de los músicos salvadoreños, han causado que la gente piense que todos los músicos son así. Muchos de los entrevistados intentan mejorar esta imagen, por ejemplo llegando siempre muy temprano a las presentaciones, poniéndose ropa menos informal y no tomando ni una bebida alcohólica durante la presentación y en los recesos, para que el público vea que ellos no son como otros músicos.

5.3 'Reconocimiento legal': la propiedad intelectual

Para llegar a saber más del reconocimiento legal del músico en El Salvador, es necesario primero explicar qué es la propiedad intelectual y cuales son las leyes con respecto a este concepto en Centroamérica. La propiedad intelectual es la forma bajo la cual el Estado protege el resultado de la actividad creativa de individuos. Según el convenio de la Organización Mundial de la Propiedad Intelectual (OMPI), con el término propiedad intelectual se refiere a "[los] derechos relativos a la actividad intelectual en los terrenos industrial, científico, literario y artístico" (Secretaría de Integración Económica Centroamericana (SIECA), 2004). Algunas de las creaciones y actividades que forman parte de la propiedad intelectual son las obras artísticas, las interpretaciones y ejecuciones de los artistas y las emisiones de radiofusión. La propiedad intelectual se puede dividir en dos grandes ramas, a saber el derecho de autor y la propiedad industrial. La rama que tiene importancia para esta tesis sobre músicos es la del derecho de autor; por lo tanto, esta será explicada más detalladamente.

Según la SIECA (2004), el derecho de autor es

"el conjunto de disposiciones legales que permiten al autor de una obra, a los artistas, a los productores de fonogramas y a los organismos de radiodifusión, evitar que otros comercialicen, sin su autorización, su expresión creativa, su interpretación o el trabajo de divulgación de sus expresiones creativas e interpretaciones."

La protección por parte del derecho de autor se puede dividir en dos tipos de derechos, a saber los derechos morales, de índole personal, y los derechos patrimoniales, de contenido económico. Los derechos morales protegen la personalidad del autor en relación con su obra y se pueden subdividir en el derecho de divulgación, el derecho a la paternidad de la obra y el derecho a la integridad de la obra. Respectivamente, estos derechos significan que el autor tiene la autorización de dar a conocer su obra al público, de dar a conocer su nombre al divulgar su obra y de exigir que la obra sea divulgada sin alteraciones. Los derechos patrimoniales le dan al autor el derecho de explotar su obra económicamente y se pueden subdividir en los derechos de reproducción, de transformación, de comunicación, de distribución, de importación y de seguimiento. Con respecto a los derechos de reproducción, transformación, distribución e importación, el autor tiene el derecho de ambos autorizar y prohibir tal actividad. El derecho de comunicación consiste en la posibilidad del autor de autorizar o prohibir el acceso del público a su obra por medios distintos a la distribución de ejemplares. El derecho de seguimiento consiste en el derecho que tiene el autor de recibir un porcentaje del precio de todas las ventas de su obra. Este porcentaje varía en cada país centroamericano. En Guatemala se reconoce un 10 %, mientras que en Costa Rica, Honduras y Nicaragua es la mitad, 5 %. En El Salvador, el porcentaje es el más bajo de toda Centroamérica, de sólo 2 %. También hay diferencias entre los países centroamericanos en cuanto al plazo de protección de una obra según el derecho de autor. En Guatemala y Honduras, el plazo de protección después del fallecimiento del autor es de 75 años, mientras que en Costa Rica y Nicaragua es de 70 años. En El Salvador, este plazo es de 50 años (SIECA, 2004).

Según algunos entrevistados que tocan música original, en El Salvador no existe una protección de su obra, no hay una ley con respecto al derecho de autor. Para mostrar esta afirmación, han dado diferentes ejemplos de la manera en que se manejan los derechos de la propiedad intelectual en su país. Varios músicos afirman que su música original ha sido utilizada en anuncios publicitarios en la radio sin su autorización y sin que hayan recibido alguna recompensa para esto. Sostienen que su música puede ser utilizada por cualquier persona o institución, sin que ellos mismos hayan dado el permiso para tal actividad. Por lo tanto, hay músicos que están luchando para aumentar poco a poco sus derechos como artistas y obtener una ley con respecto al derecho de autor que en el futuro vaya a proteger sus obras. Estos músicos afirman que encuentran muchas dificultades en el intento de mejorar su posición legal, sobre todo porque la música no es considerada como una actividad relevante. Según una representante de la sección de música de CONCULTURA, el departamento de cultura del gobierno salvadoreño, en El Salvador sí existe una ley de propiedad intelectual, incluyendo el derecho de autor. Ella asegura que los artistas sí pueden contar con la protección de su obra, pero que para eso es necesario que registren su obra en el Centro Nacional de Registros. La afirmación de los artistas de que su obra, según ellos, no es protegida, la atribuye al hecho de que ellos en una mayoría de los casos no saben de la existencia del centro de registros. Dice que todos los músicos deberían de registrar su obra recién realizada, ya que la registración casi no les cuesta dinero ni esfuerzo y les da toda la protección necesaria para su obra. Sin embargo, según la SIECA (2004), las obras en todos los países centroamericanos son protegidas por la ley desde el momento de su creación y

> "(...) no es necesario realizar ningún trámite o cumplir con alguna formalidad para poder obtener la protección y ejercer los derechos respectivos. (...) [E]l autor puede registrar su obra, si así lo desea, (...) [pero] la falta de registro no perjudica la protección de la obra ni limita en forma alguna los derechos del autor."

Según SIECA y CONCULTURA sí existen leyes en cuanto a la propiedad intelectual en El Salvador, pero según las respuestas de los entrevistados no existen o no funcionan los mecanismos para hacer valer estas leyes en caso de infracción. Sobre el papel, la protección de la obra artística existe, pero en la realidad los músicos no parecen recibir tal protección.

6 La posición económica de los músicos salvadoreños

6.1 Los ingresos de los músicos en San Salvador

Se pueden señalar muchas diferencias en cuanto a los ingresos de las personas que trabajan como músicos en El Salvador. Sus ganancias dependen de muchos factores, entre otros del estilo de música que tocan, de los bares y restaurantes en los que tienen lugar sus presentaciones y de la cantidad de veces que tocan por semana o por mes. Muchas veces también depende de la cantidad de público que llega a una presentación, ya que en la mayoría de los bares y restaurantes, los músicos reciben lo que paga el público de entrada, o un porcentaje de eso.

Para dar una idea de lo que puede ganar un músico que toca en vivo en bares o restaurantes de San Salvador, se mencionarán diferentes ejemplos de las ganancias por noche. Para empezar, hay músicos en San Salvador que tocan en algún bar o restaurante sin recibir para esto ninguna recompensa en forma de dinero. Lo único que reciben, es la bebida (y en algunos casos también la comida) que consumen esa noche. Por lo general, aquí se trata de músicos que tienen otro empleo y por lo tanto no dependen de las ganancias de la música para vivir. La mayoría de los músicos sí obtiene una remuneración para sus presentaciones en bares y restaurantes, pero la cantidad de dinero que reciben puede variar mucho. Algunos de los entrevistados señalan que lo que reciben ellos en el restaurante donde tocan una vez cada quince días, es la entrada que paga el público. El precio de entrada por lo general es de $1,25 y, ya que el lugar no es muy grande, la cantidad de gente que llega varía entre 25 y 40 personas. Como el grupo es de tres miembros, sus ganancias por noche por persona varían entre $10,- y $17,-. Según el dueño de un café en la planta baja de un hotel en San Salvador, el precio de entrada para las noches con música en vivo en su café es de $2,- o $3,- por persona, dependiendo de la banda que llega y el género de música que toca. La cantidad de público que llega varía entre 25 y 75 personas, lo que significa que las ganancias para la banda por noche varían entre $50,- y $225,-.

Estas ganancias en la mayoría de los casos las tienen que dividir entre 2, 3 o hasta 4 integrantes. Otro músico entrevistado cuenta que él y los otros dos miembros de su banda tocan una noche por semana en un bar pequeño donde también reciben la entrada que paga el público, lo que en este caso significa un ingreso de entre $30,- y $50,- por persona en una noche normal y entre $50,- y $70,- en una noche excepcional, si llegan muchas personas.

En uno de los bares más conocidos de San Salvador con música en vivo, los músicos reciben un setenta por ciento del precio de entrada. Sólo a veces, por ejemplo si el grupo tiene que llegar desde lejos y tiene muchos costos de viaje, o si la banda tiene muchos integrantes y ellos mismos pueden conseguir alguien que les hace el sonido, puede ser que los músicos reciban un ochenta o incluso un noventa por ciento de las entradas. Hay grupos, por ejemplo de música rock o nueva trova, que tocan para un público de entre 30 y 60 personas con un precio de entrada de $2,- o $3,-, lo que significa que sus ganancias – para toda la banda – varían entre $60,- y $180,-. Sin embargo, también hay algunas bandas que en sus presentaciones mensuales o de cada quince días consiguen llenar este bar, lo que significa un público de entre 200 y 300 personas. El precio de entrada para estas presentaciones también es más alto, por lo general $5,- o $6,-. Los ingresos de estas bandas por noche varían entre $800,- y $1250,-, lo que implica entre $100,- y $125,- por persona, ya que estas bandas tienen muchos más integrantes que el promedio. El hecho de que el público está dispuesto a pagar un precio de entrada más alto que para otras presentaciones, tiene que ver con el estilo de música que tocan estas bandas. Las bandas que logran llenar este bar por lo menos una vez por mes tocan música alegre y bailable, como salsa, reggae o una mezcla de diferentes ritmos. Además, en la mayoría de los casos tocan *covers*, música conocida para el público. Esto hace que lleguen más personas, que además están dispuestas a pagar más para entrar al bar.

El último ejemplo de las posibles ganancias de músicos que tocan en vivo viene de las respuestas del dueño de otro café en San Salvador y de algunos músicos que tocan en este café. Contrariamente a muchos otros bares o restaurantes, en este café el público no tiene que pagar entrada y el dueño paga a los músicos de las ganancias del consumo de esa noche. Un solista puede ganar entre $100,- y $150,- por noche, un grupo de dos personas gana $200,- y un grupo grande y más profesional puede obtener una remuneración de $600,- o $700,-. En los tres casos, aquí se trata de tocar dos horas y quince minutos, con un receso de un cuarto de hora después de cada cuarenta y cinco minutos.

Los ejemplos anteriormente nombrados muestran que, en promedio, los ingresos de un músico que toca dos noches por semana son de entre $300,- y $500,- por mes. A veces hay músicos que pueden ganar algo extra, no tocando en algún bar o restaurante, sino que porque son contratados para tocar en una boda u otro tipo de fiesta. Por lo general, tocando en una fiesta un músico puede ganar mucho más que en un bar o restaurante. No obstante, sólo los músicos que tocan ciertos géneros son contratados para tocar en fiestas, por lo cual la mayoría de los músicos sólo reciben ganancias de presentaciones en bares y restaurantes. El género de música que es más popular para las bodas y otras fiestas es la música tropical, que incluye la salsa, la cumbia, el merengue y otros ritmos bailables. Sin embargo, los músicos que tocan este género no forman parte de los entrevistados para este estudio, por lo cual no se puede dar más información en cuanto a las ganancias de este grupo de músicos.

Para dar una idea de lo que significan estas ganancias de los músicos, se mencionarán algunos datos en cuanto a los salarios en El Salvador. Dando un ejemplo, el salario de un ingeniero que trabaja a tiempo completo en El Salvador puede variar entre $500,- y $1000,- por mes, pero hay que señalar que la diferencia entre este salario y el salario mínimo de El Salvador es muy grande. En este momento, los salarios mínimos para el sector de comercio y servicio, para la industria y para la maquila están entre $150,- y $160,- por mes. En el sector agrícola, el salario mínimo mensual es de $74,-. Además, en El Salvador hay muchas personas que ganan todavía mucho menos que este salario mínimo, sobre todo la gente que trabaja en el sector informal. (Fundación Nacional para el Desarrollo, 2003; FUSADES, 2004). No obstante, también hay que tomar en cuenta una diferencia muy grande entre músicos y la mayoría de los otros trabajadores: mientras que para muchos empleados sus ingresos le tienen que alcanzar para comprar sus necesidades básicas, para un músico, además de eso, también le tienen que alcanzar para la compra y el mantenimiento de sus instrumentos y su equipo de sonido. Los gastos de los músicos serán tratados más detalladamente en la próxima sección.

6.2 Los gastos de los músicos salvadoreños

Un músico que suele tocar en vivo en bares y restaurantes en San Salvador generalmente se ve confrontado con muchos gastos necesarios para poder seguir con su trabajo. En primer lugar, están los gastos que tienen que ver con la compra y el mantenimiento de los instrumentos musicales. Estos pueden variar mucho dependiendo del instrumento o de los instrumentos que toca un músico, ya que los costos de por ejemplo un saxofón o una guitarra eléctrica son mucho más altos que los costos de una guitarra electroacústica o un pequeño instrumento de percusión. Una vez compradas los instrumentos también necesitan un buen mantenimiento, lo que a veces puede significar que sea necesaria alguna reparación. Así que además de la compra, que es el gasto más grande, también el mantenimiento de los instrumentos le puede costar mucho dinero a un músico.

La compra y el mantenimiento de los instrumentos musicales es un gasto que tienen todos los músicos, de cualquier género y de cualquier parte del mundo. Los músicos en San Salvador que tocan en vivo, sin embargo, tienen otros gastos muy importantes, ya que la mayoría de los dueños de bares y restaurantes no dispone de un equipo de sonido. Esto significa que los músicos, si quieren tocar en algún lugar, tienen que llevar su propio equipo. De todos los bares y restaurantes que han desempeñado algún papel en las entrevistas realizadas para esta tesis, sea por medio de entrevistas con sus dueños o por medio de las respuestas de músicos que tocan o han tocado en esos lugares, sólo en dos bares los músicos pueden disponer del equipo de sonido que está presente en el mismo bar. En todos los otros lugares, los músicos tienen que conseguir su propio equipo, lo cual por lo general implica un gasto todavía mucho más grande que el costo de la compra y el mantenimiento de los instrumentos. Para tener un buen equipo de sonido, los músicos necesitan comprar los accesorios pequeños como micrófonos y cables, pero también las piezas más grandes y costosas, como unos altavoces y una consola. La mayoría de los entrevistados explica que el equipo del que ellos disponen ha sido conseguido con esfuerzo a través de los años, ahorrando durante mucho tiempo las ganancias de las presentaciones, ya que no es posible comprar de una vez todos los elementos necesarios del equipo de sonido.

Como ya ha sido mencionado anteriormente, algunos de los músicos entrevistados no viven en San Salvador, por lo que tienen que viajar hasta la capital para sus presentaciones. Esto no sólo les cuesta tiempo, sino que además significa un gasto adicional, ya que tienen que pagar el viaje de ellos y además conseguir transporte para los instrumentos y todo el equipo que necesitan durante la presentación. Otro gasto para algunas de las bandas es el alquiler y los costos de luz y electricidad de un lugar que usan para los ensayos. Otros grupos pueden ahorrar estos costos, ya que algún miembro de la banda o alguna persona conocida les ofrece una parte de su casa u otro lugar para los ensayos.

Como último, se pueden mencionar los gastos de publicidad que tiene una banda de música en San Salvador. Para promover su música y conseguir que haya un público grande en sus presentaciones, los músicos se pueden ver confrontados con unos gastos pequeños como los costos de mantener una página de Internet o la distribución de carteles y folletos que anuncian su próxima presentación. Unos gastos mucho más altos son los que tienen que ver con la grabación de discos. Según uno de los entrevistados, un estudio de grabación de sonido puede cobrar entre $200,- y $600,- por hora, un precio que a muchos músicos les impide poder grabar un disco. También en cuanto a esto hay bandas que se pueden ahorrar una parte de estos costos, ya que algunos miembros de varias bandas tienen su propio estudio de grabación de sonido, lo que puede bajar mucho este precio.

Sólo tres de las bandas entrevistadas afirman que las ganancias de sus presentaciones, aunque quizá no alcanzan para poder vivir de la música, sí cubren los gastos que tienen. Ellos pueden usar la remuneración que reciben para sus presentaciones para la compra y el mantenimiento de instrumentos y equipo, la grabación de discos y otras cosas necesarias. Para la mayoría, sin embargo, las ganancias sólo alcanzan para el mantenimiento del equipo que tienen y para la compra de utilería no pesada, como micrófonos o cables. Esto significa que tienen que invertir dinero para la compra de instrumentos y equipo para poder seguir tocando en vivo en bares o restaurantes.

6.3 Combinar la música con otro empleo

Como en la mayoría de los casos los ingresos que reciben las bandas por sus presentaciones no alcanzan para cubrir los gastos de la compra de equipo e instrumentos, casi ninguno de los entrevistados se dedica solamente a la música. Sin considerar los músicos que todavía están estudiando alguna carrera universitaria, sólo dos personas tienen la música como única fuente de ingresos. Los demás dedican la mayor parte de su tiempo a otro empleo y usan el tiempo que les queda para las presentaciones y los ensayos con su banda. Muchos músicos necesitan una parte de las ganancias de su otro empleo para poderla invertir en la música y así poder seguir tocando.

El hecho de que todos o casi todos los integrantes de una banda tienen otro empleo, en muchos casos les causa dificultades en cuanto a la organización del tiempo. Muchos músicos no sólo tienen otro trabajo además de la música, sino que casi siempre este otro empleo es su trabajo principal, en el cual trabajan a tiempo completo. Esto significa que no les queda mucho tiempo para la música y, tomando en cuenta que los diferentes integrantes de una banda pueden tener diferentes horarios de trabajo, por lo general resulta muy difícil organizarse y juntarse todos para los ensayos y otras actividades. Algunos músicos hasta mencionan que, además de la música, están involucrados en varios otros empleos, por lo que tienen todavía menos tiempo para dedicarse a la música. Hay músicos que afirman que en su trabajo tienen un horario muy flexible, lo que les facilita pedir permiso para alguna actividad durante el día que tiene que ver con la música, como alguna entrevista, la grabación de un disco o una presentación durante horas de trabajo. Otros músicos, sin embargo, no pueden pedir permiso en su trabajo para este tipo de actividades, lo que les obliga a realizar todos los eventos musicales en las noches, después de salir de su otro trabajo. Hay músicos que trabajan a tiempo completo en otro empleo y que además de eso tienen muchas presentaciones por semana. Sobre todo para estos músicos es muy difícil combinar la música con su otro empleo, ya que hay muchos días en que salen a su trabajo a las siete u ocho de la mañana y llegan a sus casas después de la presentación de la noche, a veces a la medianoche o a la una de la madrugada, para al día siguiente levantarse temprano de nuevo para ir a su trabajo.

Los músicos no sólo necesitan tener otro empleo además de la música por la falta de ingresos, sino que también por la falta de seguridad. Como músicos, casi siempre trabajan en el sector informal, sin contratos fijos, lo cual implica que nunca tienen la seguridad de poder seguir trabajando en eso durante mucho tiempo. Los contratos que tienen con los dueños de los bares o restaurantes donde tocan casi siempre son sólo verbales, no hay nada consignado por escrito. Además, ninguno de los entrevistados recibe alguna forma de seguro social a través de su trabajo como músico. La falta de contratos fijos no les da la posibilidad de recibir un seguro social y además no tienen ninguna seguridad en cuanto a la duración y el contenido de los acuerdos verbales que tienen con el dueño de algún bar o restaurante.

Los otros empleos que tienen los entrevistados además de ser músicos varían de trabajos que tienen que ver mucho con la música a empleos que son todo lo contrario. Para dar unos ejemplos, hay músicos que trabajan en la sección de música o cultura de algún periódico o de una página de Internet, otros que trabajan en un bar que tiene música en vivo y otros que tienen su propio estudio de grabación de sonido. Sin embargo, también hay músicos que trabajan como arquitecto, ingeniero en sistemas o en la construcción, editor de textos o empleado en una aerolínea. Además de estos ejemplos hay que señalar que muchos de los músicos entrevistados en este momento dedican una gran parte de su tiempo a un estudio universitario. Estos músicos jóvenes por el momento tienen la música como única fuente de ingresos, pero es probable que, después de que terminen su carrera en la universidad, ellos también vayan a tener otro empleo además de la música.

7 Influencia de terceros en la posición socioeconómica del músico salvadoreño

7.1 Los dueños de bares y restaurantes en San Salvador

En San Salvador hay muchos bares, cafés y restaurantes donde por las noches hay música en vivo. Sobre todo durante los fines de semana, los viernes y los sábados por la noche, hay una oferta muy grande de lugares con presentaciones en vivo en la capital, aunque también hay algunos bares que incluso en otros días de la semana tienen este servicio. Los dueños de los lugares tienen diferentes motivos por haber tomado la decisión de ofrecer música en vivo. La mayoría de los dueños menciona el aumento de las ventas como el motivo principal. Ofreciendo música en vivo, el dueño puede atraer un público más grande y, por lo tanto, aumentar sus ganancias por noche. Un segundo motivo que mencionan algunos de los dueños es darle un valor agregado a lo que se le ofrece al cliente, mientras que otros dueños señalan que sobre todo empezaron con la música en vivo para ayudar a los músicos a darse a conocer. A dos de los dueños, algunos músicos les pidieron el espacio y con ocasión de esto llegaron a un acuerdo. Un dueño, como último, menciona que por la gran oferta de música en vivo en el barrio donde se encuentra su café, decidió también ofrecer presentaciones de bandas para no perder clientela. Algunos de los bares empezaron desde el principio con la música en vivo; sus dueños señalan que la idea desde el inicio fue crear un espacio cultural o artístico. En otros lugares no han tenido música en vivo desde el principio, sino que fue algo que se inició más tarde. En estos bares y restaurantes, los dueños han notado un cambio de clientela. Resulta que muchos de los clientes habituales no estaban dispuestos a pagar para entrar a un lugar que antes era gratis, por lo que decidieron ya no volver más, mientras que una clientela nueva, que antes nunca había llegado al bar o al restaurante, se interesó por la música y empezó a llegar más seguido.

Se pueden señalar diferencias en cuanto al género de música que se toca en los bares y restaurantes de San Salvador. En una mayoría de los lugares, lo que los músicos tocan es la música tropical, como la salsa, el merengue y la cumbia. Sin embargo, también hay varios lugares donde se pueden encontrar las presentaciones de los músicos que pertenecen al grupo meta de esta tesis, a saber las presentaciones de pop, rock, hiphop, reggae, nueva trova y de las bandas que tocan una fusión de ritmos. Algunos dueños de bares y restaurantes han elegido cierto género de música para las presentaciones en su lugar por motivos que tienen que ver con su propia preferencia de música, mientras que otros han decidido por los géneros que atraen más público. La dueña de un bar que en este momento ofrece un abanico muy amplio en cuanto a los estilos de música, en un inicio tenía la idea de hacer un club de jazz. Sin embargo, sabía que el lugar no se iba a mantener sólo ofreciendo jazz, por lo que decidió abrir su espacio a muchos géneros distintos.

El precio de entrada de los diferentes lugares que ofrecen música en vivo varía mucho. En algunos lugares, el dueño ofrece la música como un servicio al cliente y el público no tiene que pagar entrada. Los dueños de estos lugares esperan poder sacar lo que les pagan a los músicos de las ganancias del consumo de la parte del público que quizá no hubiera llegado sin la música en vivo. En otros casos el público sí tiene que pagar una entrada, la cual le sirve al dueño del lugar para la remuneración de los músicos. Muchas veces los mismos músicos pueden decidir cual será el precio de entrada de la noche en que ellos tocan, siempre y cuando el dueño esté de acuerdo. Si deciden poner un precio de entrada alto, pueden tener más ganancias. Sin embargo, así también corren el riesgo de que llegue menos público y que al final terminen con menos ingresos que si se hubieran decidido por una entrada más baja. En cuanto a algunas bandas, ambos los dueños de los lugares y los mismos músicos saben que se pueden dar el lujo de poner un precio de entrada bastante alto, ya que son tan conocidas y populares que a la gente no le importa pagar un poco más para ver la presentación.

La mayoría de los dueños entrevistados quiere mantener la música en vivo en su lugar en el futuro; sin embargo, no disponen de los recursos necesarios para que los músicos puedan tocar en vivo, como una tarima y un equipo de sonido. En estos lugares, los músicos tocan sin poder estar en una tarima y cada noche tienen que llevar su propio equipo, incluyendo cables y micrófonos. Además de la falta de recursos, ningún dueño entrevistado tiene contratos por escrito con los músicos que tocan en su bar o restaurante. Todos los acuerdos son verbales, lo cual puede tener ventajas y desventajas para el dueño. La ventaja de un acuerdo verbal es que, en el caso de que alguna banda no resulte ser un éxito y no produce suficientes ganancias, es más fácil para el dueño romper el acuerdo y optar por otro grupo de músicos. El acuerdo verbal podría ser una desventaja para el dueño de un lugar si los músicos no cumplieran con el acuerdo y por ejemplo no llegaran al bar a la hora convenida. En la realidad, resulta que estos acuerdos verbales funcionan bien. Sólo un dueño pudo mencionar un caso en que el músico no cumplió con sus compromisos, pero por lo demás todos los entrevistados, ambos dueños y músicos, señalan que los acuerdos verbales funcionan como si fueran contratos fijos.

Hay muchas diferencias en cuanto a lo que un músico o una banda puede ganar tocando una noche en un bar o restaurante. Los dueños que les dan una remuneración muy baja a los músicos hacen esto sabiendo que los músicos no van a pedir más, ya que lo que muchos de ellos quieren es darse a conocer al público. En el caso de que una banda pida una remuneración más alta, el dueño puede rechazarlo y, si los músicos no quieren seguir tocando para el mismo precio, intentar llegar a un acuerdo con otra banda que sí está dispuesta a tocar para esta recompensa. Por miedo de perder de esta manera el acuerdo con el dueño de un bar y así también la oportunidad de darse a conocer a un público, muchos músicos aceptan la baja remuneración y siguen tocando.

7.2 El gobierno salvadoreño

Además de los dueños de bares y restaurantes con música en vivo, también el gobierno salvadoreño tiene una influencia considerable en el status social y la posición económica de los músicos en El Salvador. El Estado es el principal responsable del sistema de educación en el país y, por lo tanto, también del hecho de que la música es casi inexistente en la educación que reciben los niños salvadoreños. Hay muy poca atención para las diferentes formas de artes en la educación primaria y secundaria; materias en las cuales los alumnos se dedican solamente a la música ya no existen desde hace muchos años. En la única materia que tiene que ver con artes y cultura, uno de los problemas más grandes es la falta de conocimiento de muchos de los maestros que dan estas clases, los que como consecuencia de esto no tienen las capacidades para enseñar a los niños lo que deberían de aprender en el curso.

La falta de atención para la música en la educación no sólo es perceptible en las escuelas y colegios de primaria y secundaria, sino que también en la educación superior. En El Salvador no hay un conservatorio ni carreras universitarias en que los estudiantes se pueden dedicar a la música. También otras carreras que de alguna manera tienen algo que ver con la música o con otras formas de arte, como ingeniería en sonido o una carrera de teatro y cine, son inexistentes en El Salvador. El Bachillerato en Artes, donde los estudiantes además de las materias obligatorias podían dedicar una gran parte de su tiempo a la música, las artes plásticas o el teatro, dejó de existir en el año 1997. En este momento la única posibilidad para estudiar alguna forma de arte en San Salvador es el Centro Nacional de Artes (CENAR), pero sólo un pequeño grupo de personas se puede permitir estudiar una carrera en esta institución. Para la mayoría de los salvadoreños, su última oportunidad de estudiar música desapareció con el cierre del Bachillerato en Artes. La mayoría de los entrevistados, tanto los músicos como los dueños de bares y restaurantes, señala esta falta de oportunidad de estudiar música en su país como uno de los factores que tienen más influencia en el status social de los músicos. Para mucha

71

gente, un músico sólo puede ser un profesional si ha estudiado música en una carrera universitaria. En El Salvador no existe la posibilidad de estudiar tal carrera, por lo cual muchos de los músicos han aprendido a tocar por medio de experiencia. Aprenden a tocar de un amigo o conocido o de una manera autodidáctica, practicando en su casa. Mejoran sus técnicas a través de los años, por medio de muchos ensayos y presentaciones. La gente salvadoreña no valora esta manera de aprender a tocar música, mientras que sí hay un reconocimiento para los músicos que aprenden a tocar por medio de estudios superiores.

No sólo en cuanto a la educación se puede mencionar la influencia que tiene el Estado salvadoreño en el status social que tiene el músico en este país. También en cuanto a actividades que tienen que ver más directamente con la música, la postura del gobierno puede tener mucha importancia. Uno de los departamentos del gobierno salvadoreño, CONCULTURA, está destinado a apoyar y fomentar, entre otras cosas, el patrimonio cultural y las diferentes formas artísticas en el país. En cuanto a la música, sin embargo, sólo los músicos de la Orquesta Sinfónica Nacional y de la Sinfónica Juvenil, así como algunas otras formas de la llamada música 'culta' o académica, pueden contar con el apoyo del gobierno. Según varios de los entrevistados, sólo esta forma de expresión musical recibe cierto apoyo gubernamental, porque es la única forma vista como una verdadera contribución cultural. Algunos de los dueños de bares y restaurantes señalan que muchas veces encuentran dificultades al enfrentarse con diferentes instancias gubernamentales. Por lo general no pueden contar con apoyo, ya que los géneros de música de las presentaciones en sus lugares no forman parte de lo que las instancias entienden por 'cultura'. La dueña de un bar con música en vivo describió esto de la siguiente manera:

"[S]i me topaba con diferentes instancias de gobierno, del gobierno local hasta CONCULTURA y eso, me cuestionan como si yo no estuviera haciendo un aporte cultural, porque estoy poniendo rock y heavy power y funk, y… eso no es cultura, eso es fomentar formas no adecuadas, según ellos."

Sin embargo, según una de las personas responsables para la sección de música de CONCULTURA, el gobierno sólo puede dar su apoyo a un pequeño fragmento de las actividades musicales en el país, porque el presupuesto es muy bajo y no alcanza para respaldar tanto los eventos de música académica como los eventos de música popular.

Como último, el gobierno desempeña un papel importante en la determinación de las leyes que tienen que proteger al músico. Como fue explicado más detalladamente en la sección 5.3, estas leyes son casi inexistentes en El Salvador. Las únicas dos leyes que existen en el país en cuanto a este tema, son la ley del Patrimonio Cultural y la ley de la Propiedad Intelectual. Sin embargo, en la realidad muchas veces no se cumple con estas leyes, por lo cual no significan una protección real para los músicos.

7.3 Los medios de comunicación de El Salvador

"Si Silvio [Rodríguez] hubiera nacido en este país, nunca habría llegado a ser famoso"

(Integrante de la banda ID)

Esta última sección, antes de llegar a las conclusiones finales de esta tesis, trata de la influencia que tienen los diferentes medios de comunicación en la posición social y económica del músico en El Salvador. Probablemente el medio de comunicación más importante cuando se trata de música es la radio. La radio es uno de los medios de difusión de música más eficientes, ya que las emisoras nacionales tienen cobertura en casi todo el país, la mayoría de la gente dispone de una radio y además la música es el elemento más importante en muchos de los programas. Si en los programas de las radios ponen la música nacional, pueden lograr que mucha gente en el país escuche estas canciones y llegue a conocer las bandas. Si la música de una banda llega a ser un éxito en el país, esto significa un aumento importante de su status social y eventualmente también una mejora de su situación económica. Sin embargo, muy pocos músicos salvadoreños obtienen este mejoramiento de su situación con ayuda de este medio, ya que en las radios en su mayor parte ponen música que viene del extranjero. Ambos los locutores y los oyentes no parecen preferir la música nacional, lo cual implica que una gran parte del tiempo es dedicada a la música que viene de fuera. Según Guido, es muy frecuente en toda Latinoamérica que no se difunda suficientemente la música nacional por medio de la radio, porque "quienes organizan la programación de radios, (…) la consideran de segunda categoría" (1977: 307).

A finales de los años ochenta había una emisora de radio en El Salvador con el nombre Super Stereo, que también se conocía, según muchos de los entrevistados, como 'la radio que puso de moda el rock en español'. Esta radio promovía la música nacional, surgieron muchos nuevos grupos en el género de rock en español y por la publicidad de

Super Stereo muchos de estos grupos llegaron a tener éxito y obtuvieron la oportunidad de dar conciertos grandes en el país. Sin embargo, después de algunos años esta radio dejó de existir y desapareció una gran parte del apoyo para la música nacional. En este momento, algunas de las radios tienen nuevos programas dedicados exclusivamente a la música nacional, pero sigue siendo una parte muy pequeña de la programación total.

Un medio de comunicación en el cual la atención para la música nacional es prácticamente inexistente, es la televisión. Los programas musicales en los canales de la televisión salvadoreña casi sólo tienen programados los videos de artistas extranjeros, lo que tiene como consecuencia el hecho de que muchos músicos salvadoreños no hacen el esfuerzo para juntar suficiente dinero y grabar un video, ya que saben que en la mayoría de los casos los organizadores de esos programas no lo van a poner. Los pocos músicos que sí graban un video y así intentan llegar a un público más grande se dan cuenta de esto, viendo que después de haber sido emitido la primera vez, su video en la mayoría de los casos ya no vuelve a aparecer en los programas musicales.

Según los músicos entrevistados, los únicos medios de comunicación tradicionales de los cuales sí reciben mucho apoyo, son los periódicos. Los dos periódicos más importantes del país, la Prensa Gráfica y el Diario de Hoy, tienen una o varias secciones especiales para todo lo que tiene que ver con cultura y las diferentes formas de arte. También en estas secciones hay mucha atención para la música que viene de fuera, de otros países. Sin embargo, el espacio que dedican en estas secciones a la música nacional es más o menos igual de grande que el espacio dedicado a la música extranjera. Varias veces por semana aparecen reportajes de músicos o de presentaciones y conciertos y en los fines de semana aparece una lista con una parte de los lugares que tienen música en vivo, incluyendo información sobre la hora, el precio de entrada y el género de música.

Un medio de comunicación más reciente es el Internet, el cual actualmente también presta mucha atención a los músicos salvadoreños. Existen diferentes páginas en el Internet que están dedicadas a la música salvadoreña, como las páginas [www.musica.com.sv], [www.guanamusic.com] y [www.rock.guanaco.com]. En estas páginas hay espacio para reportajes de bandas nacionales, conciertos y presentaciones, biografías de integrantes de bandas populares, anuncios de eventos musicales, galerías de fotos, foros sobre temas que tienen que ver con la música nacional e incluso una sección de compra y venta de instrumentos musicales y equipos de sonido. Una pequeña parte de estas tres páginas está dedicada a música de artistas extranjeros, sobre todo si esos artistas vienen a dar un concierto en El Salvador, pero la mayoría del espacio lo llenan los músicos nacionales.

Conclusiones

Esta investigación ha tenido como objetivo dar una imagen del status social y la posición económica de los músicos que tocan en vivo en bares y restaurantes en San Salvador, así como de los factores que de alguna manera influyen en la posición socioeconómica de estos músicos. Los resultados del estudio reflejan una situación preocupante, ya que los músicos salvadoreños se ven confrontados con muy poco reconocimiento y una remuneración muy baja para su profesión. Prácticamente ningún músico salvadoreño logra obtener un status alto por medio de su oficio, lo cual también tiene consecuencias negativas para su posición económica. Se puede decir que el status social de un músico es uno de los indicadores principales de su posición económica, como ya fue asumido en la hipótesis antes de empezar esta investigación. Sin embargo, los resultados de este estudio muestran que, a pesar de la importancia que tiene el status social, también existen otros factores que pueden influir en la posición económica de los músicos salvadoreños.

Según Bram, el status social es un concepto de valores y opiniones que pueden variar entre diferentes periodos históricos, entre diferentes sociedades y entre individuos (1952: 2031-2032). Esta explicación general del término 'status social' también es válida si miramos específicamente al status social que tienen los músicos en El Salvador. En cuanto a los diferentes periodos históricos, se puede señalar una diferencia entre el reconocimiento que recibían los músicos durante algunos años a finales de los ochenta y a principios de los noventa y el status que tienen ahora. A finales de los años ochenta los músicos notaron un cambio en el reconocimiento que recibían en la sociedad salvadoreña. Entre otras cosas por el apoyo de la nueva emisora de radio Super Stereo, la música nacional llegó a ser más popular y valorada entre la población salvadoreña, lo cual provocó un auge de la música nacional. Sin embargo, este cambio sólo fue temporal, ya que algunos años después desapareció una gran parte de la atención para la música nacional, lo que tuvo como consecuencia que otra vez disminuyera el reconocimiento que los músicos recibían para su trabajo. Además de entre diferentes periodos históricos, también entre diferentes sociedades parece haber una diferencia en cuanto al status social de músicos. Aunque esté sólo basado en una entrevista, se puede suponer que el status social de un músico es más alto en México que en El Salvador, considerando las respuestas del salvadoreño que trabaja como músico en México. Esta idea es reforzada por respuestas de los otros músicos que sí viven en El Salvador, ya que muchos de ellos afirman que en países como Guatemala, Costa Rica, México y Estados Unidos se valora más la música nacional, lo cual les da un status más alto a los músicos que viven en estos países. También entre individuos puede haber muchas diferencias en cuanto al reconocimiento para alguien que se dedica a la música. Mientras que una gran parte de la población salvadoreña tiene una serie de prejuicios contra los músicos, como la idea de que serían vagos e informales, también hay muchos individuos que sí valoran la música, que están dispuestos a pagar para entrar a un bar con música en vivo y que incluso algunas veces intentan mejorar la posición de los músicos, dándoles la oportunidad de dar a conocer su música o ayudándoles financieramente.

Según Coxon y Jones (1978: 11) y Ekehammar *et. al.* (1987: 474), el status social de una persona se puede determinar por medio de dos estructuras, a saber la objetiva, mediante características fijas, y la subjetiva, la cual refleja la percepción del individuo mismo en cuanto a su status. Utilizando las dos estructuras, se puede constatar que los músicos en El Salvador tienen un status bajo. En cuanto a las características fijas, como su profesión y sus ingresos, los músicos pueden contar con muy poco reconocimiento de la población salvadoreña. Asimismo, según su propia percepción los músicos tienen un status social muy bajo dentro de la sociedad salvadoreña, sobre todo comparando su profesión con otros empleos.

La diferencia que Scott (1970: 172) señala entre el *achieved status* y el *ascribed status* de un individuo también se puede aplicar al status que tienen los músicos en El Salvador. Para estos músicos sobre todo es importante el *achieved status*, ya que para recibir más reconocimiento para su trabajo, necesitan dedicarse a la música durante muchos años, adquiriendo así cada vez más experiencia en su oficio. Sin embargo, los resultados de este estudio también reflejan que en El Salvador a veces no hay cuestión de que alguien pueda obtener un status más alto por medio de sus años de experiencia. Un factor que sí parece tener una influencia muy grande en el status social de un músico es su nivel de educación. Hay una diferencia considerable entre el reconocimiento que recibe una persona que ha tenido una educación superior musical y un músico que ha aprendido todo autodidácticamente a través de los años. De los resultados de esta investigación se puede deducir que un músico que ha estudiado por lo general puede contar con más reconocimiento que un músico que no ha tenido ninguna forma de educación formal en música.

Según los estudios de Lenski (1970: 91) y Ekehammar *et. al.* (1986: 474, 480), un individuo puede tener un status distinto en cada dimensión de la sociedad, lo que significa que puede tener diferentes posiciones al mismo tiempo. Muchos músicos tienen diferentes posiciones dentro de la sociedad salvadoreña, ya que la mayoría tiene otro empleo además de la música. Esto implica que, a pesar de un status bajo que tienen como músico, pueden tener al mismo tiempo un status muy alto en otra profesión. Resulta que si alguien tiene un status muy alto en su otro empleo, esto no significa ningún aumento del reconocimiento que recibe como músico. Además de la diferencia en status que puede haber entre una persona como músico y la misma persona en otra profesión, también se puede señalar una diferencia en status entre diferentes tipos de músicos, como indica De Menezes Bastos (1977: 131-137). Sin embargo, la escala de prestigio de estrellas, maestros y como último vocalistas e instrumentalistas no es tan obvia en El Salvador como podría ser en otros países. Puede haber una pequeña diferencia entre un cantante-solista y un instrumentalista en cuanto al reconocimiento que reciben del público, porque – sobre todo si se trata de una banda grande – el cantante-solista es la persona más conocida del grupo. No obstante, las llamadas 'estrellas' de bandas musicales en El Salvador no tienen el status que podrían tener en otros países, lo cual hace más pequeñas las diferencias entre los músicos.

Varios de los autores citados en la sección 1.2 señalan que los problemas económicos son parte de la vida cotidiana del artista y que para la mayoría de los artistas en todo el mundo es muy difícil ganarse la vida con su profesión. Esta imagen también es válida para El Salvador, puesto que casi ningún músico puede dedicarse solamente a la música. Los ingresos son muy bajos, mientras que los costos de instrumentos musicales y equipo de sonido son muy altos, lo cual hace que la mayoría de los músicos salvadoreños no puede vivir de la música. En muchos casos, las ganancias ni siquiera alcanzan para cubrir los gastos, lo que implica que muchos músicos necesitan otros ingresos para poder seguir tocando. Al mismo tiempo, muchos músicos trabajan en el sector informal, no tienen contratos fijos con los dueños de los lugares donde tocan y además no tienen acceso a ningún sistema de seguridad social. Es por esta falta de ingresos y de seguridad que, igual a muchos artistas de diferentes disciplinas en países de todo el mundo, también en El Salvador una mayoría de los músicos tiene otro empleo además de la música.

En cualquier país del mundo, el aporte financiero de diferentes instancias es muy importante para que puedan seguir existiendo las profesiones artísticas. Además de las donaciones de individuos o empresas, el gobierno de un país desempeña un papel importante en el financiamiento de la subsistencia de las artes. Hay países en los que músicos y otros artistas pueden contar con algún apoyo del gobierno, por ejemplo en forma de una subvención, para poder seguir con su trabajo. En El Salvador, sin embargo, sólo una parte muy pequeña de los músicos recibe apoyo del gobierno, a saber los músicos de la Sinfónica Nacional y de la Sinfónica Juvenil. La música popular no es valorada por el Estado salvadoreño, lo cual significa que los intérpretes de muchos géneros de música no pueden contar con ningún apoyo gubernamental. También de parte de individuos o de empresas casi no hay inversiones en la música, por lo que las bandas de música popular tienen que buscar otras fuentes de ingresos para poder seguir con su trabajo.

Un cambio importante en la valoración de la música a través de los años es el hecho de que la música ahora muchas veces es vista como mercancía en vez de arte: las ganancias se han vuelto más importantes que la estética y las emociones. El músico de esta manera se ve confrontado con una dependencia de diferentes intermediadores, entre otros los medios de comunicación. En El Salvador es muy perceptible esta dependencia de los músicos de los medios de comunicación, ya que las radios y otros medios determinan por una gran parte la imagen que tiene la gente de la música y de los músicos. En muchos casos, los locutores de las radios salvadoreñas deciden apoyar a algunas bandas poniendo sus canciones, mientras que la música de una mayoría de los grupos nacionales no suena en las radios. Esto tiene grandes consecuencias para los integrantes de estos grupos, porque pierden la oportunidad de dar a conocer su música a través de las radios y así tienen menos oportunidades de vender su música y dar presentaciones o conciertos, lo cual implica menos ganancias.

En síntesis, se puede constatar que los músicos que tocan en vivo en bares y restaurantes en San Salvador tienen un status social bajo en comparación con muchas otras profesiones en el país. Existen muchos prejuicios contra los músicos entre la población salvadoreña, lo cual hace que estos músicos reciben muy poco reconocimiento y valoración para su trabajo. En el ámbito familiar, así como en el ámbito profesional y en la sociedad salvadoreña en su totalidad, los músicos no pueden contar con el apoyo necesario para una ocupación que para ellos tiene mucha importancia. Concluyendo y así respondiendo a la pregunta central de esta investigación, se puede decir que el status social de los músicos tiene una influencia notable en su posición económica. La falta de apoyo y reconocimiento de parte de la población salvadoreña significa un obstáculo muy grande para el músico en el intento de mejorar su posición económica. Si el público y los dueños de los lugares con música en vivo no llegan a tener una valoración mayor para la música, las ganancias de una banda por noche seguirán igual de bajas que en este momento. Se puede constatar que la situación económica difícil en que se encuentran muchos músicos casi siempre es influenciada por una gran parte por el status bajo y la falta de reconocimiento de los músicos dentro de la sociedad salvadoreña, aunque también se pueden señalar otros factores que influyen en la posición económica de los músicos. En primer lugar, se puede mencionar la influencia de terceros, como el Estado salvadoreño y los medios de comunicación. Como ya fue explicado más detalladamente en otras partes de este estudio, la actitud del gobierno y de algunos de los medios les perjudica económicamente a los músicos, sea por la falta de un aporte financiero o por la falta de la publicidad merecida. De este factor, sin embargo, es posible señalar también su relación con el status social de los músicos, ya que probablemente podrían contar con un apoyo más grande del gobierno y de los medios si tuvieran un status social más alto. Considerando todos los factores que influyen en la posición económica de los músicos, se puede constatar que la relación entre el status social de los músicos y su posición económica existe y que es muy visible, e incluso se puede afirmar que el status social del músico salvadoreño, en una mayoría de los casos, es el indicador más importante de su posición económica.

Referencias bibliográficas:

- Abbing, H. (2003) 'Waarom zijn kunstenaars arm? De uitzonderlijke economie van de kunst', Resumen en holandés de Abbing, H. (2002) *Why are artists poor? The exceptional economy of the arts*. Amsterdam: University Press, [www.xs4all.nl/~abbing/DOCeconomist/SAMENVATTING.htm], 24 de noviembre de 2003.
- Banco Interamericano del Desarrollo (BID) (2004) 'El Salvador and the IDB', [www.iadb.org/exr/country/eng/ElSalvador], 21 de mayo de 2004.
- Baumol, W.J. y W.G. Bowen (1966) *Performing arts – the economic dilemma*. Nueva York: The Twentieth Century Fund.
- Benoit-Smullyan, E. (1944) 'Status, status types, and status interrelations', *American Sociological Review* 9(2): 151-161.
- Biekart, K. (1999) *El Salvador. NGO Country Profile 1999*. Oegstgeest: Gemeenschappelijk Overleg Medefinanciering.
- Boland, R.C. (2001) *Culture and Customs of El Salvador*. Westport: Greenwood Press.
- Borgh, C. van der (1998) *El Salvador*. Amsterdam: Koninklijk Instituut voor de Tropen.
- Bram, J. (1952) 'Professional social status', *Library Journal* 77(dic.): 2031-2035.
- CIA (2003) 'The World Factbook: El Salvador', [www.cia.gov/cia/publications/factbook/geos/es.html], 18 de diciembre de 2003.
- Coleman, R.P. y B.L. Neugarten (1971) *Social status in the city*. San Francisco: Jossey-Bass.
- Coxon, A.P.M. y C.L. Jones (1978) *The images of occupational prestige*. Londres: Macmillan Press.
- Dutrénit, S. (1988) *El Salvador. Una historia breve*. México D.F.: Alianza Editorial Mexicana.

-   Ekehammar, B., J. Sidanius e I. Nilsson (1986) 'Social status: construct and external validity', *The journal of social psychology* 127(5): 473-481.
-   Fernaud, A. (1977) 'Realidad y utopía en la educación musical'. En: Aretz, I., *América Latina en su música*. México D.F.: Siglo XXI editores, pp. 271-285.
-   Finnegan, R.H. (1989) *The hidden musicians: music-making in an English town*. Cambridge: Cambridge University Press.
-   Fundación Nacional para el Desarrollo (2003) 'Desempeño del mercado de trabajo de El Salvador 2002 / 2003', [www.gpn.org/data/elsalvador/el_salvador_esp.pdf], 24 de noviembre de 2003.
-   Fundación Salvadoreña de Desarrollo Económico y Social (FUSADES) (2004), 'Desarrollo económico', [www.fusades.com.sv/desarrollo_economico/pridex/elsalvadortum ejoropcion.ppt], 19 de mayo de 2004
-   Gallart, M.A. (2003) 'Habilidades y competencias para el sector informal en América Latina: una revisión de la literatura sobre programas y metodologías de formación'. Programa focal sobre conocimientos técnicos y prácticos y empleabilidad, Organización Internacional de Trabajadores (OIT) [www.ilo.org/public/english/employment/skills/informal/download/i nfwp2.pdf], 10 de noviembre de 2003.
-   Glower, C.J. (1997) 'La economía salvadoreña: Evaluación para la modernización y el desarrollo humano sostenible'. En: Walter, K. (coord.), *Gobernabilidad y desarrollo humano sostenible en El Salvador*. San Salvador: Fundación Centroamericana para el Desarrollo Humano Sostenible (FUCAD), pp. 93-166.
-   Greenfield, G.M. (ed.) (1994) *Latin American urbanization. Historical profiles of major cities*. Westport, Connecticut: Greenwood Press.

- Guido, W. (1977) ' "Interignorancia" musical en América Latina'. En: Aretz, I., *América Latina en su música*. México D.F.: Siglo XXI editores, pp. 286-314.
- Gwynne, R.N. y C. Kay (1999) *Latin America transformed. Globalization and modernity*. Londres: Arnold Publishers.
- Huezo, R. (coord.) (1994) *Historia de El Salvador Tomo II*. San Salvador: Ministerio de Educación.
- Joosten, J. (1995) *De invloed van klasse, status en burgerschap op subjectieve gezondheid*. Maastricht: Universitaire Pers.
- Klein, M.O.L. (1963) *Statusonderscheidingen. Wijzen waarop sociale niveauverschillen worden vastgesteld*. Leiden: H.E. Stenfert Kroese.
- Lenski, G.E. (1970) 'Status crystallization: a non-vertical dimension of social status'. En: Scott, W.R. (1970) *Social processes and social structures. An introduction to sociology*. Nueva York: Holt, Rinehart and Winston: 91-101.
- León, A. (1977) 'La música como mercancía'. En: Aretz, I., *América Latina en su música*. México D.F.: Siglo XXI editores, pp. 238-254.
- Limburg Stirum, H. de (1993) 'L'argent et l'artiste contemporain'. En: *L'artiste et les diverses formes du pouvoir dans la société d'aujourd'hui*. Classe des Beaux-arts, Real Academia de Bélgica.
- Lipset, S.M. y R. Bendix (1951) 'Social status and social structure: a re-examination of data and interpretations: II', *The British Journal of sociology* 2: 230-254.
- Livesey, C. (2003) '"A" level sociology. A resource-based learning approach', [www.sociology.org.uk/S3a.doc], 4 de noviembre de 2003.
- Martínez Peñate, O. (2002) *El Salvador: historia general*. San Salvador: Nuevo Enfoque.
- Menezes Bastos, R. J. de (1977) 'Situación del músico en la sociedad'. En: Aretz, I., *América Latina en su música*. México D.F.: Siglo XXI editores, pp. 103-138.

- Ministerio de Economía (1997) *Censos nacionales de población 1930-1992*. San Salvador: Dirección general de estadística y censos.

- OIT (2003) 'The informal sector. Who are they?', [www.ilo.org/public/english/employment/skills/informal/who.htm], 10 de noviembre de 2003.

- Packard, V. (s.a.) *De status zoekers*. Amsterdam: H.J. Paris (trad. de *The Status Seekers*. New York: David Mckay Company, 1959).

- Salazar, H. (1992) *Sector informal y desarrollo en El Salvador*. San Salvador: Instituto de Investigación Social y Desarrollo (INSIDE).

- Santacruz Giralt, M.L. y A. Concha-Eastman (2001) *Barrio adentro. La solidaridad violenta de las pandillas*. San Salvador: Instituto Universitario de Opinión Pública IUDOP.

- Savenije, W. y K. Andrade (2003) *Conviviendo en la orilla. Violencia y exclusión social en el Área Metropolitana de San Salvador*. San Salvador: FLACSO.

- Schaefer, K.K. (2003) 'Capacity utilization, income distribution, and the urban informal sector: an open-economy model'. University of Massachusetts Amherst, Political Economy Research Institute, [www.econpapers.hhs.se/paper/umaperiwp/wp35.htm], 5 de noviembre de 2003.

- Scott, W.R. (1970) *Social processes and social structures. An introduction to sociology*. Nueva York: Holt, Rinehart and Winston.

- SIECA [Secretaría de Integración Económica Centroamericana] (2004), 'La propiedad intelectual', [http://www.sieca.org.gt/Publico/ProyectosDeCooperacion/Proalca/PI/QueEsPI.htm], 26 de abril de 2004.

- Tokman, V.E. (1992) *Beyond Regulation. The informal economy in Latin America*. Boulder y Londres: Lynne Rienner Publishers.

- UNESCO (2003) 'Status of the Artist', [www.unesco.org], 14 de octubre de 2003.

- Ward, J. (1997) *Latin America. Development and conflict since 1945*. Londres: Routledge.

www.ingramcontent.com/pod-product-compliance
Lightning Source LLC
Chambersburg PA
CBHW071248170526
45165CB00003B/1280